錢穆先生全集

錢穆先生全集

【新校本】

中國學術思想史論叢

（六）

九州出版社

圖書在版編目（CIP）數據

中國學術思想史論叢 .6 / 錢穆著 . -- 北京：九州出版社，2011.5（2020.12重印）
（錢穆先生全集）
ISBN 978-7-5108-0894-4

Ⅰ.① 中… Ⅱ.① 錢… Ⅲ.① 學術思想 - 思想史 - 中國 - 元代 Ⅳ.①B2

中國版本圖書館 CIP 數據核字（2011）第 046743 號

中國學術思想史論叢（六）

作　　者　錢　穆　著
責任編輯　陳春玲　郝建良
出版發行　九州出版社
裝幀設計　陸智昌　張萬興
地　　址　北京市西城區阜外大街甲 35 號
郵　　編　100037
發行電話　（010）68992190/3/5/6
網　　址　www.jiuzhoupress.com
印　　刷　三河市東方印刷有限公司
開　　本　635 毫米 ×970 毫米　16 開
插頁印張　0.25
印　　張　18.25
字　　數　206千字
版　　次　2011年5月第1版
印　　次　2020年12月第3次印刷
書　　號　ISBN 978-7-5108-0894-4
定　　價　498.00元（全十冊）

目次

序

自余成朱子新學案，即有意續撰研朱餘瀋，即朱學流衍考，起自元初黄東發，迄於清末，歷元、明、清三代，共得幾二十人。後又決意彙此論叢，遂并研朱餘瀋納入，不另成書，以便觀省。此册共收黄東發、王深寧、吳草廬三家，可見元初學術思想之大概。又一九五二年在臺北傷腦部，養病於臺中市，讀雜部明人筆記，乃知明初諸人，皆不忘元廷，無意出仕。越數年，在香港成讀明初開國諸臣詩文集。及還居臺北，又續成讀楊維楨東維子集以下各篇，可見元末學術思想之大概。有元一代，大率盡此。又加舊作金元統治下之新道教一篇及來臺後所講理學與藝術一篇，共成此册。最近病目，不能識字，此册付印，則不復再自親校，因亦無所改定。

一九七八年七月錢穆自識於外雙溪之素書樓，時年八十有四。

黄東發學述

少時讀顧亭林日知録，卽知黄震東發其人而好之。及讀全謝山宋元學案稱引黄氏語益多，益增想慕。然其書日鈔頗難得。中歲遊北平，始獲一部。方別有撰述，未暇細加籀誦。年來草爲朱子新學案，稱引黄氏語亦僅據謝山。及學案成書，始抽暇通體玩誦日鈔，復稍摭其一二條增入學案。竊謂後儒治朱學，能深得朱子奥旨者，殆莫踰於黄氏。爰草斯篇，以見梗概，並以補謝山所未及。

謂黄氏深得朱學奥旨者，在其學博而能醇。日鈔分類百卷，今行者九十七卷。經類三十一卷。諸儒書兩宋二十家共十三卷。諸子類自家語、孔氏書以下凡五十一家五卷。史類自史記下迄兩宋，正、雜史凡十五種九卷。文集韓、柳、歐、蘇、曾、王、涪翁、浮溪、石湖、水心共十家十卷。合共六十八卷。可見其生平讀書治學之廣大。其外二十九卷則爲其文集。

東發以一理學大儒，觀其日鈔，經、史、子、集罔不搜羅，可謂繁夥矣，然獨無語録，此爲理學家一異。其研精文史，用力之勤，可謂理學家中之又一異。蓋東發之學，專崇朱子，其學博，卽承朱子之教而來。然於朱子成說亦時有糾正，不婗婗姝姝務墨守，此則尤值重視。朱子論學極尊二程，亦時於二程有糾正。東發之能糾正朱子，乃正見其善學也。

日鈔引黃勉齋書：「朱先生一部論論，直解到死。」東發亦自言：「終身讀論語，古今一晦菴。」日鈔讀論語只一卷，著墨無多，而曰：「餘則盡在集註矣。」此其崇奉朱子集註之意可見。然此一卷中，卽多糾正語。如有子孝弟章，日鈔曰：

論語首章言學，次章卽言孝弟，聖門之教人，莫切於孝弟矣。此章象山斥其為支離。程子言為仁，以孝弟為本，論性，則以仁為孝弟之本。性中只有仁義禮智，曷嘗有孝弟來。其說性尤精。實則孟子之道天性，而其說微覺求多於本文之外。晦菴或問中云：「孝弟則固仁之發而最親者。」此語為婉而切，似當收置集註，使學者知孝卽仁之事，而仁卽性之有可也。

又曰：

孔子說仁，又多與智對說。至孟子方說仁義禮智四者。程子謂曷嘗有孝弟，蓋以孟子之說釋有子之說爾。有子時，未有四者之說，亦未專主於說性。孝為仁之本，理脈固自渾融。且孟子雖分仁義禮智為四端，他日又嘗說「仁之實，事親」是也。聖賢立論，惟理是務，亦未嘗拘一端。其言仁義，亦未嘗不根於孝弟。故孔子嘗曰：「夫言豈一端而已，夫各有所當也。」

程氏言性中那有孝弟來，朱子亦謂其是一險語，然朱子註此章，實未能擺脱程氏語之纏縛。東發引朱子他處語，惜其未收置集註中，實是本朱語糾程氏。而謂程氏乃以孟子説釋有子，又别引孟子説以見程説之無當。辨析精確，是誠深有得於朱子之讀書法者。厥後至於晚明，程氏「性中曷嘗有孝弟來」一語，備受訶病。惜乎朱子未能矯正在前，而東發則固已糾之矣。至其不取象山説，則可無待深論。

又曾子三省章，日鈔曰：

集註首載尹氏曰：「曾子守約，故動必求諸身，語意已足。」次載謝氏曰：「諸子之學皆出於聖人，其後愈遠而愈失其眞。獨曾子之學，專用心於内，惜其嘉言善行不盡傳。」竊意孔門未有專用心於内之説也。用心於内，近世禪學之説耳。後有象山，因謂：「曾子之學是裏面出來，其學不傳。諸子是外面入去，今傳於世，皆外入之學，非孔子之眞。」遂於論語之外，自稱得不傳之學，凡皆源於謝氏之説。使晦菴集註於今日，謝氏之説不知亦收載否。

東發謂孔門無專用心於内之學，其説亦本朱子。朱子又謂自謝上蔡一轉而爲張無垢，再轉而爲陸象山。然集註此章，終自並收尹、謝兩家之説。東發加以糾彈，可謂的切之至。

又子路曾晳冉有公西華侍坐章，日鈔曰：

夫子以行道救世為心，後世談虛好高之習勝，單摭「與點」數語而張皇之，遺落世事，指為道妙。甚至謝上蔡，以曾晳想像之言為實有暮春浴沂之事，云：「三子為曾晳獨對春風冷眼看破。」但欲推之使高，而不知陷於談禪，是蓋學於程子而失之者也。程子曰：「孔子與點，蓋與聖人之志同，便是堯舜氣象。」此語微過於形容，上蔡因之而遂失也。

又曰：

老安少懷之志，天覆地載之心也，適人之適者也。浴沂詠歸之樂，吟風弄月之趣也，自適其適者也。曾晳固未得與堯舜比，豈得與夫子比。而形容之過如此，不合於其分量而審之矣。

論語「與點」一歎，程子識其「與聖人之志同，便是堯舜氣象」。集註爲程氏此番話束縛，雖前後屢變其說，而終未能痛快抉破程氏之樊籠。後惟東發爲能指出論語此章本旨，而咎程氏形容之過。然循此以下，直迄晚明，「與點」一歎，終自爲理學家所樂道，而又張皇之不已。明道「曾點堯舜氣象」之意，乃與宋明理學相終始。是誠大可詫惜也。

又性相近章，日鈔曰：

又曰：

性者，人得之於天以生者也。其性之所自來，固無有不善。而既屬於人，則不能以盡同。故夫子一言以蔽之曰「性相近」也。至孟子，當人欲橫流之時，特推其所本然者以曉當世，故專以性善為說。由今觀之，謂性為相近，則驗之身，稽之人，參之往古，考之當今，上採之聖賢，下察之庶眾，無一不合，信乎其為相近也。謂性為皆善，則自己而人，自古而今，自聖賢而眾庶，皆不能不少殊。言性之說至本朝而精，以善者為天地之性，以不能盡善者為氣質之性，此說即出，始足以完孟子性善之說。世之學者，乃因此陰陋吾夫子之說而不敢明言其為非，則曰：性相近是指氣質而言，若曲為之回護者。然則孟子之言性何其精，而夫子之言性何其粗耶！竊意天命之謂性，所謂「天地之性」，是推天命流行之初而言也，推性之所從來也。所謂「氣質之性」，是指即屬諸人而言也，斯其謂之性者也。夫子之言性，亦指此而已耳。本朝之言性，特因孟子性善之說，揆之人而不能盡合，故推測其已上者，以完其義耳。言性豈有加於夫子之一語哉。夫子言性相近，他日言中人以上、中人以下，生而知、學而知，人品節節不同，皆與相近之言無戾。孟子專言性善，他日言二之中、四之下，性之、反之，先覺、後覺，人品亦各各不同，終歸於夫子相近之說。夫子未嘗言性，言性只此一語，何今世學者言性之多也。

孟子言「忍性」，是性不能皆善，而忍亦習之義也。

判辨「天地之性」與「氣質之性」，亦宋明理學家一大事。陸王學者少言性，程朱學者則鮮不言性，而所辨，實亦無逃於如東發所指陳。惜乎此風扇蕩，終難驟返。直至晚明，顧亭林始力言論語不言性與天命；而陸桴亭著思辨錄，其論性大旨，乃一如東發，引孔子「性相近」之語以上駕乎孟子道性善之上。東發、亭林、桴亭三人，皆善學朱子。朱子本人翻此窠臼未盡，至三人始逐步翻出，可見學術風氣變之有漸而不易。而欲尋求朱子學之流衍，則必於此三人者，乃可得其眞血脈眞傳統所在。此難確指，貴於心知其意者之能微窺而見也。

又讀尚書舜典人心惟危一章，日鈔曰：

近世喜言心學，捨此章全章本旨，而獨論人心、道心。甚者單摭道心二字，而直謂卽心是道。蓋陷於禪學而不自知其去堯、舜、禹授受天下之本旨遠矣。蔡九峯作書傳，嘗述朱文公之言曰：「古之聖人，將以天下與人，未嘗不以治之之法而並傳之。」可謂深得此章之本旨。其後進此書傳於朝者，乃因以三聖傳心為說。世之學者，遂指此書十六字為傳心之要，而禪學者借以為據。愚案：心不待傳也。流行天地間，貫徹古今而無不同者，理也。理具於吾心而驗於事物。心者，所以統宗此理，而別白其是非。人之賢否，事之得失，天下之治亂，皆於此乎判。禪學以理為障，而獨指其心，曰：「不立文字，單傳心印。」此蓋不欲言理，為此遁辭，付之不可究詰云耳。聖賢之學，由一心而達之天下國家之用，無非至理之流行，明白洞達，人人所同。歷千載，越宇宙，有不期而同，何傳之云。俗說浸淫，雖賢者或不能不襲用其語，故僭書其所見如此。

傳心之說，朱子已先二陸鵝湖寺詩言之。東發一意尊朱，文集班班可考，東發寧有不知。惟蔡沈書集傳序單拈心學以爲發揮，實失師門宗旨。而所謂虞書十六字傳心訣者，乃直至晚明，猶嗓傳不輟，貽害學術界非淺鮮。東發之辨，不僅以辨陸王，亦所以辨程朱，可謂卓絕而特出，惜乎瞭此義者之終尠其人也。

朱子詩集傳不采詩序，日鈔論之曰：

詩非序，莫知其所自作。去之千載之下，欲一旦盡去自昔相傳之說，別求其說於茫冥之中，誠亦難事。然其指桑中、溱洧為鄭、衞之音，則其辭曉然，諸儒安得回護而謂之雅音。若謂甫田、大田諸篇皆非刺詩，自今讀之，皆藹然治世之音。若謂成王不敢康之，成王為周成王，則其說實出於國語，亦文義之曉然者。其餘改易固不可一一盡知。若其發理之精到，措辭之簡潔，讀之使人瞭然，亦孰有加於晦菴之詩傳者。學者當以晦菴詩傳為主，間有於意未能遽曉者，則以諸家參之，庶乎得之矣。

此論可懸爲後人治詩一方針。惜乎清儒不勝其門戶之私見，必欲盡返之於毛傳、鄭箋以爲快。獵奇鉤異者，復旁搜於齊、魯、韓三家，使詩學重困於叢榛宿莽中，不能復出，亦可慨也。

朱子治易，兼取伊川、康節，東發則深以爲不然。日鈔曰：

我朝理學大明，伊川程先生始作易傳，時則有若康節邵先生，又別求易於辭之外。晦菴朱先生作易本義、易啟蒙，乃兼二說。愚按：易誠為卜筮而作，考之經傳無有不合。易至晦菴，信乎其復舊而明且備也。康節所謂先天之說，則易之書本無有。易於理與數，固無所不包。伊川言理，而理者人心之所同。康節言數，而數者康節之所獨。明理者雖不知數，自能避凶而從吉。學數者儻不明理，必至舍人而言天。伊川之言理，本之文王、孔子。康節之言數，得之李挺之、穆伯長、陳希夷。窮理而精，則可修己治人，有補當世。言數而精，不過尋流逐末，流為技術。康節大儒，以易言數，雖超出漢人之上，然學者亦未易躐等。若以易言理，則日用常行，無往非易，此宜審所當務也。

東發不阿守朱子一家言，觀此處更可見。

日鈔又言之，曰：

謂易本卜筮，謂詩非美刺，謂春秋初不以字為褒貶，皆曠世未聞之高論，而實皆追復古始之正說。乍見駭然，熟輒心靡。卓識雄辨，萬古莫儔。

其推崇朱子，洵可謂更莫有加矣。抑其融會義理、考據而一視之，絕不存芥蒂於胸中，此層更值重視。若使此下學術界，能沿此蹊徑，續此軌轍，則何來有漢、宋之門戶？

東發治學，既一本朱子，其於羣經大義，幾乎一依朱子爲從違。偶有矯挽，皆其犖犖大者，已略引如上。故日鈔於讀論、孟、詩、書、周易，皆各得一卷，因朱子皆有成書，不煩多立論也。日鈔讀春秋凡七卷，讀戴禮凡十六卷，論議較多，則因朱子於此，未有成書，並亦較少闡說也。

日鈔於讀本朝諸儒理學書，朱子外極推濂溪，謂：

本朝理學，闡幽於周子，集成於晦翁。太極之圖，易通之書，微晦翁，萬世莫能明也。肅襟莊誦之為快，何啻蟬蛻塵滓而鵬運青冥哉。

然其論「尋孔顏樂處」一節乃曰：

顏子之樂，周子於通書固嘗言之，曰：「見其大而忘其小焉爾。大者，性命之源，道德之至尊至貴，小則所謂芥視軒冕、塵視金玉者也。夫然，故吟風弄月，自然不勝其樂。不見大國足民，小國為相，區區必於有行之為滯累耳。」周程之相與領會，其大若此，而其剖示於通書者，又顯著若此。後世有能篤信而自得之，其樂豈有異乎哉！若其極論天地所安之處，以至於六合之外，則周子高明而博學，窮極造化，自然造詣，學者未宜過而問也。顏子所樂之處，實吾心固有。天地所安之處，於人事無關。

此辨義旨深微。尋孔顏樂處，乃是濂溪傳授二程理學大血脈所在，顧後來程、謝特提曾點，則顯與濂溪所舉「孔顏樂處」道路有歧，此一也。濂溪爲學，窮極造化，曾與二程極論天地所安；二程於此方面不多傳述，微朱子，則太極一圖之精奥閎深，將使後世莫能明；然所謂「孔顏樂處」則殊不在此。日鈔援據通書，加以發明，此二也。至於造化陰陽，東發似少詳究。象山貽書朱子，極論太極圖，東發是朱非陸，如此而止。論性則寧從論語，論易則頗不喜康節，其讀朱子語類，則曰：

讀朱子語類，如仰觀造化之大，莫知所措辭。然嘗詳之，夫子作六經，後來者溺於詁訓，未害也。濂、洛言道學，後來者借以談禪，則其害深矣。此無他，凡近者猶可進而至於高明，一流於高空，則恐無復可返之期，誤人未央也。今朱子解剝濂溪之圖象，裒列二程之遺書，以明道學之正傳者如此。窮極釋氏之「作用是性」，辨詰諸老之流入禪學，以明其徒之似是而非者如彼。使道學之源不差，而夫子之道復明，此其有功於天下萬世，較之施於用世者，撥亂反正，豈足喻勞烈之萬一哉！

此乃東發自己學術立場所在，切近人事，不落高空，凡讀日鈔，胥當注意此一分辨也。東發討論北宋理學諸儒，尤所辨析入細者，乃在分別指出二程與朱子之有相歧處。此層從來未經注意，加以剖說。夫謂朱子學本二程，此固無可疑者。然若謂朱子於傳述二程外更無建樹，則何貴於程門諸大弟子外，更多生一朱子。抑且朱學即程學，朱子僅是程門一傳人，則述朱即所以述程，闡程不煩復闡朱。朱子在宋代理學中之地位，究如何乎？後人稱述理學，必程、朱駢舉，又必朱、陸對立。然朱子年事學歷，先於二陸。鵝湖之會，已在朱子成學之後。朱子不爲反陸而有學也。故僅以朱、陸異同一觀點衡量朱子，則決不足以包舉朱子爲學之大全。而且二陸之學，雖曰自成於門庭之內，兄弟之間，然豈絕無所聞見濡染於時賢，而果謂其崛然拔起於孟子以後千五百年，羣所不傳而己有獨得之秘乎？二陸之學亦時復有得於程門，惟象山喜明道不喜伊川，然豈明道、伊川伯仲之間，亦猶如象山與晦菴之相水火乎？若謂象山亦上承明道，則又當置朱子於何地？惜乎後之治理學者，必曰程、朱、陸、王，而治經學者，又必分漢學、宋學，惟求門戶之明顯，不貴道術之會通；既爲風氣所限，亦是識解有蔽，故相率陷此樊囿，莫能脱出。惟東發於此，乃益見其卓犖之孤識，爲前後諸儒所莫逮也。

日鈔有曰：

> 自孔孟歿，異端紛擾者千四百年。中間惟董仲舒「正誼明道」二語，與韓文公原道一篇，為得議論之正。迨二程得周子之傳，然後有以窮極性命之根柢，發揮義理之精微。議者謂比漢、唐諸儒說得向上一層。愚謂豈特視漢、唐為然。風氣日開，議論日精，濂溪之言，雖孔孟亦所未發。特推其旨，要不越於孔孟云耳。然孔子於性理，舉其端而不盡言，或言之，必要之踐履之實，固可垂萬世而無弊。自心、性、天等說，一詳於孟子，至濂溪窮思力索，極而至性以上不可說處，其意固將指義理之所從來，以歸諸講學之實用。適不幸與禪學之遁辭言「識心而見性」者雖所出異源，而同湍激之衝。故二程甫沒，門人高弟多陷溺焉。不有晦翁，孰與救止。嗚呼危哉！故二程固大有功於聖門，而晦翁尤大有功於程子。

後人言朱學，率多注重於其辨象山，少能注重及其所加於程門之挽救。東發此條，言婉而切，語簡而摯，苟非深入兩宋理學闔奧，能眞有得於朱子論學之淵旨者，則鮮能道及於此。

日鈔又曰：

程氏發明孔孟正學於千四百年無傳之後，微言奥旨，特散見於門人之集錄，賴朱子起而搜逸訪遺，始克成編。其尤切於日用者，已類而為近思錄。然朱子必丁寧學者，更求之全書。及考其所編之全書，乃稱：「伊川自謂，惟李籲得其意，故以為首篇。」且反覆詳論，謂：「失之毫釐，則其謬將有不可勝言者。」然則學者之讀遺書全編，其又可不謹乎！

此處即本朱子意，謂讀二程遺書不可以不謹。此下遂歷舉遺書多條，而曰：

大抵孔孟之學，大中至正之極。而二程之學，正以發明孔孟之言。不幸世之黠者，借佛氏之名，售莊列之說，蕩以高虛，舉世生長習熟於其間而不自知。聞程子之說，稍不加審，則動必陷入於彼。程門高弟，才莫過於謝顯道。其所錄程說之可疑，亦莫多於謝顯道。第一條所錄，以「鳶飛魚躍」為「活潑潑」，活潑潑何等語，求之孔門，惟見其云「君子之道，造端夫婦」耳。第二條言切脈，第三條言觀鷄雛，而皆指以為「仁」。切脈、觀鷄，殆於機觸神悟。求之孔子，惟曰「居處恭，執事敬」，而孟子亦以惻隱為「仁之端」耳。謂「堯舜之事如太虛中一點浮雲過目」，何其與「四海困窮，天祿永終」之戒異也。謂「與善人處壞了人」，何其與

「毋友不如己者」之意殊也。謂莊生形容道體之語為「儘好」，謂老氏「谷神不死」一章為「最佳」。此殆其本心之形見，而記憶其師平日之言，亦粉澤於其所學自成一家之後矣。揚子雲有言：「適堯舜文王為正道，非堯舜文王為他道。」愚亦謂：合於孔孟者，程錄之眞。異於孔孟者，程錄之誤。

東發固謂濂洛之言，亦有孔孟所未發，然要當不越於孔孟。治二程之學者，既惟有窺之於遺書，而遺書中所言，乃於孔孟有合有異。二程自言所學，既不欲與孔孟樹異，則遺書中凡異孔孟之言，其當爲門人之誤記可知。此一大辨論，實亦發自朱子。惟朱子所辨猶未盡，東發繼之，此誠爲治理學治程朱學者一絕大當究心之問題。惜乎東發以外，鮮有人能具此識解，僅知辨程朱與陸王，不知於程、朱間亦當有辨也。

日鈔卷九十一，有跋尹和靖家傳一文，謂：

和靖每謂語錄不可信，至晦菴集程錄，反有疑於和靖，而學者多從晦菴。余嘗謂晦翁裒集之功固大，和靖親見之事尤的。今程錄中門人竄入禪語者頗多，和靖之說，其可廢也哉？

和靖之說不可廢，卽是讀遺書必加謹也。然而又曰：

上蔡語錄雖多異於程門，而程門兄弟之格言多載焉，朱、呂二先生已取之入近思錄矣。

此又見讀遺書必加謹，而終不可置之不讀；和靖之說不可廢，而朱子之說亦同爲不可廢。故謂朱子後善學朱子者，莫東發若也。

日鈔又云：

老子貴道德而賤仁義，吾儒即仁義而為道德，此毫芒疑似之間，韓子欲辭而闢之，亦難乎其言矣。故曰：「道有君子有小人，德有凶有吉，而道德為虚位。」若曰：「道德」之名一也，而實不同。儒者以「仁義」而居之，則道為君子之道，而德為吉德。老子舍「仁義」而欲居之，則道乃小人之道，而德乃凶德。其立辭之精，措意之工，剖析是非之要切，似未有過於虚位之說也。程錄非之，豈亦門人之誤歟，合俟知者而請焉。

此條所舉，似亦不得認爲皆由門人之粉澤。然則遺書中，縱是二程本人語，所記無誤，亦豈便盡無誤乎！惟東發下語和緩，而曰「合俟知者而請焉」。理則已明，辭則已遜，確乎乃理學醇儒之吐屬也。然日鈔他處，亦有暢論竭言不加婉辭者。其言曰：

自昔聖帝明王，所以措生民於理，使其得自別於夷狄禽獸者，備於原道之書矣。孔孟沒，異端熾，千有餘年而後得原道之書辭而闢之，昭如矣。奈何溺於異端之士，吹毛求釁，竊附程錄，欲陰為異端報仇耶。程錄嘗謂「愛主情而言，仁者愛人」，此正吾夫子之言，豈可因以「博愛為仁」非原道。程錄嘗以「虛位」之說為非，此決非程氏之言。程錄又載：「昌黎言治國平天下止及正心，而不及致知、格物。」此殆程子一時偶然之言也。孔子言「脩己以安百姓」，孟子言「篤恭而天下平」，豈必盡及致知、格物之條目。原道曰：「堯以是傳之舜禹湯文武周公孔子，孔子傳之孟子。」所謂傳者，前後相承之名也，非他有面相授受之密傳也。託附程錄者，乃發為異說，以為此必有所見。「若無所見，所謂傳者，傳個甚麼。」堯舜禹湯文武周公孔孟相傳之道，備見於原道一書，豈復有如異端所謂「不立文字，單傳心印」之傳哉！或者此類多出於上蔡謝氏之門歟。不以「愛」為仁，而以「覺」為仁，上蔡之言也。謂有「不二法門」，而言「道無精粗彼此之分」者，上蔡之言也。載僧人總老之言，謂「默而識之是識箇甚麼」，「無入而不自得是得箇甚麼」，亦上蔡之言也。凡今所議原道三說，往往類此，愚故意其為上蔡謝氏之門，依倣而託於程錄也。

北宋儒學復興，靡不尊韓，直至二程而其說始變。伊川謂其兄明道，乃「孟子死後千四百年一眞儒，秦漢而下，未有臻斯理」，則昌黎之不當被指數，乃及遺書之於原道屢有非貶，亦固其宜矣。下逮朱子，晚歲親校韓集，於昌黎可謂偏有所嗜，然亦每譏韓公爲「文人」。惟於原道「博愛爲仁」不可非，上蔡「以覺爲仁」不可依，如此之類，已加辨析。至東發乃始暢發之，幾乎依據原道非議遺書。此在伊洛以下理學傳統中洵可謂未有之創舉也。然東發亦未遽謂二程貶抑原道，特謂其出於謝氏之門所依託，則似未見有確據。

日鈔又一條云：

原性論與生俱生，而其所以為性者五，仁義禮智信，最為端的。性有三品之說，正從孔子「上智下愚不移」中來，於理無毫髮之背。至伊洛添「氣質」說，又較精微。蓋風氣日開，議論日精，得「氣質之性」與「天地之性」對說，而後孟子專指性善之說，舉以屬之天地之性，其說方始無偏。此於孟子之說有功，而於孔子之說無傷。實則孔子言性，包舉大體，孟子之說，特指本源，而言性無出於孔子者矣。奈何三品之說本於上智下愚之說，而後進喜聞伊洛近日之說，或至攻詆昌黎耶！

崇道貶文，尊伊洛而詆昌黎，已成理學界中傳統風氣，無足怪者。而東發之辨，乃彌見可珍。

日鈔又曰：

上宰相三書，世多譏其自鬻。然生為大丈夫，正蘄為天下國家用。孔子嘗歷聘列國，孟子亦嘗游說諸侯矣。如公才氣，千古一人，亦同流俗，困於科舉，而不得少見於世。故直攄其抱負以自達於進退人才者。始則曉以古者成就人才之道，次則動以一己飢寒之迫，終則警以天下未治，光範門雖尊，公直與之肝膈無間。然則公之抱負者為何如，而可譏其自鬻哉？

又曰：

公之三上宰相書，豈階權勢求富貴。宰相人才所由進。磊落明白以告之，公之本心，如青天白日。

又曰：

符讀書城南，世多議其以富貴誘子，是固然矣。然亦人情，誘小兒讀書之常，愈於後世之飾僞者。

示兒詩以有屋自慰，與符讀書詩正相終始。

理學家鄙視文藝，遂乃高懸一種不近人情之標格，肆所譏評。昌黎尤是文家冠冕，其三上宰相書、符讀書城南詩等，於是更爲彈射之目標。而東發一一爲之平反。此等情懷識趣，求之一般理學家中，實爲難得。

日鈔又曰：

昌黎與馮宿論文，謂：「稱意者人以為怪，下筆令人慚，則人以為好。」歷數百年至本朝，歐陽公方能得公之文於殘棄而發撝之，否者終於湮沒。自歐陽公以來，雖曰家藏而人誦，殆不過野人議璧，隨和稱好。眞知公之文者，又幾何人哉。人誰不講孔孟之學，至遇事則往往而違其訓。人誰不讀韓歐之文，至執筆則往往而非其體。人莫不飲食，鮮能知其味。不心誠求之，是眞無益哉。

此以韓歐之文與孔孟之道相提並論，欲人心誠求之，以知其味。若繩以理學家之褊狹，是不啻教人玩物而喪志也。東發此等處，蓋皆深有得於朱學之傳統。竊謂宋明理學家若均能循此門脈，游心文藝，則其學思所至，必將遠異於如今之所見；而惜乎具此識解、備此工力者之不多觀也。

日鈔又盛讚蘇東坡韓文公廟碑，謂「非東坡不能爲，非文公不足當」，謂是「千古奇觀」。

又曰：

臨川王氏，嘗為詩以譏昌黎，曰：「紛紛易盡百年身，舉世無人識道眞，力去陳言誇末俗，可憐無補費精神。」晦菴先生校昌黎文，乃取此詩附其後。愚觀晦菴平日，於昌黎實敬其人，實愛其文，獨以其未免詩酒浮華，志在利祿，而微有嘆息之辭。瑕瑜不相揜，已極議論之公矣。今附此詩，則所未曉。且「枉費精神」之說，陸象山正以此譏晦菴，而其說正自臨川王氏來，亦豈其然乎！又世傳昌黎嘗與大顛書，其文陋甚，昌黎集無之。東坡先生嘗辨其僞矣。昌黎本以刑部侍郎到潮州，還朝久之，乃遷吏部。歐陽公所得大顛書石本，乃稱「吏部侍郎」，此可知其為僞尤明。晦菴亦以其書為眞而錄於後，亦所未曉。

此條若掩去其作者與書名，使人讀之，將更不料其乃一理學大儒所言，又是在理學中乃一意專崇朱子學者之所言。義理、考據，實事求是，文、道兼盡，本末俱到，非眞有得於朱子學之傳統者，亦宜不能有此言也。

日鈔讀柳文有曰：

六卷、七卷，皆浮屠家碑銘，惟南嶽、大明二碑，明白可誦。蓋二碑所言者律，而餘多言禪也。律者嚴潔其身，佛所教人之本旨。禪之說創於達摩，自稱「教外別傳」，佛書初無此說也。律出於佛，其徒憚而小之。禪不出於佛，其徒張而大之。世之言佛者，將安從乎。

朱子竭意闢禪，東發承之。然謂禪不出於佛，則東發自抒己見，非自朱子來。又柳文送僧浩初序，專闢退之闢佛。東發評之云：「退之言仁義，而子厚異端。退之行忠直，而子厚邪黨。尚不知愧而反操戈。」又並論其文云：

柳以文與韓並稱。柳之達於上聽者皆諛辭，致於公卿大臣者皆罪謫後羞縮無聊之語。碑碣等作，亦老筆與俳語相半。間及經旨義理，則是非多謬於聖人。凡皆不根於道故也。惟紀志人物以寄其嘲罵，模寫山水以舒其抑鬱，則峻潔精奇，如明珠夜光，見輒奪目。此蓋子厚放浪之久，自寫胸臆，不事諛，不求哀，不關經義，又皆晚年之作，所謂大肆其力於文章者也。故愚於韓文無擇，於柳不無擇焉。歐陽子論文，亦不屑稱韓、柳而稱韓、李，此指李翺。

宋人論文者，皆已韓、柳並稱，東發獨區以別之，又引歐陽氏言以自張。其於柳集，分別其年代先後，文體異同，指陳利病，而一歸於作者之心術與學業。此亦淵源於朱子「文道一貫」之旨推闡來也。

其論歐陽文之本論則曰：

佛法害政，昌黎之說盡之。佛教害人心，晦菴之說盡之。不能明言其所以害而徒疾聲大呼以泄其憤，石徂徠之怪說盡之。歐陽公所謂上續昌黎斯文之傳者，正以闢佛一事。然不過就昌黎改易新說，而適以消剛為柔，如閉關息兵，惟敵之縱。嗚呼！殆所謂能言距楊墨者，皆聖人之徒歟。

又曰：

歐公雖亦闢異端，視韓文公恐不同。蘇公以公繼韓，上達孔孟，此則其一門之授受所見然耳。故求義理者必於伊洛，言文章者必於歐蘇。盛哉我朝，諸儒輩出，學者惟其所之焉，特不必指此為彼爾。

得於義理，未必即得於文章。得於文章，亦未必即得於義理。二者苟不能合一，亦不當據此廢彼，莫如惟其所之。東發之意偉矣。朱子後，能爲此言者殆惟東發也。

東發又引歐陽言（見讀史本朝名臣言行錄）「文學止於潤身，政事可以及物」，而曰：「公一代文章宗師，東坡先生所尊事，昌黎公以來一人而已，所言猶若是，後之欲爲文者可以觀矣。」是則東發日鈔雖不廢集部，要其意亦非欲以爲文人而已。此則亦當辨者。

其讀蘇文上劉侍讀書，謂：

言「天下之所少者。非才也，氣也」。愚謂人才以氣為主，此論得之。又言「凡所以成者，其氣也，其所以敗者，其才也」。愚謂此立論之過，幾於偏矣。其實成天下之事者才也，遂吾身之才者氣也。才、氣雖異名，二之亦不可。今以才為敗，是見才於流弊，而不見才於本原。見才於後世，而不見才於古人也。

又讀思堂記，謂：

「心之官則思」，自古未聞無思之說。「天下何思何慮」，言理有自然，不待思也。「不思而得」，言德盛仁熟，不必思者也。如「朋從爾思」、「思而不學」之類，則戒人之過於思也。思不可無。東坡才高識敏，事既立就，而又習用道家之說，以愛惜精神為心，故創言無思。非孔孟教人意。自得之趣，不可以訓。

此皆就文章辨義理。義理無窮，則文集亦何可不究。伊川亦以讀書爲格物窮理之一端，然程門教人讀書，終嫌太狹，伊川並莊、列亦不寓目。和靖來程門半年，僅得看大學、西銘。文章之士，愛於氾濫，遂使程、蘇門下終於分裂，要亦由雙方讀書風氣之相冰炭。惟讀書少，此心無放處，而必欲歸之一線，則勢將橫斜軼出。朱子言：「學問孤則易入禪。」程門下梢都入禪，正亦因其視義理者太孤，讀書門路太狹，其心枯燥，有以導之。而程門「敬」字，於此乃益見其重要。此在二程當時，殆以理學之途初闢，有不得不如此者。然孔孟大道，究非蠶叢棧道之比。故二程之爲道，必至於朱子而後成，而後定。朱子始以博學廣覽教人，乃象山又議之曰「支離」；此見當時理學門戶，固已深固，而來遊朱子之門者亦終不能於二程傳統下痛快得解放。東發專崇朱子，極斥象山，其讀書之廣，觀於日鈔所羅列，文集一門，韓柳以下，凡得十家；東發於此，蓋莫不竟體循玩，非聊資瀏覽而已。此乃東發善承朱子，乃其一種新學風之展開，大値注意大堪欣賞者。惜乎東發以後，此風終於不揚。治理學者仍惟奉語錄爲主，能上探經籍者已少，能旁及百家者更少，又能縱恣及於諸史者則更少之又少。又何論於詩文末技。而從事詩文者，亦尠能味道之腴，而惟雕章琢句是務。此固限於其人之才，抑亦囿於風氣；而學術之各有門戶，乃不僅道學與儒林分而不合，而文苑一類又復距之益遠；此則讀東發之書，所由益增其嚮往之私也。

日鈔又言曰：

東坡之文，如長江大河，一瀉千里。至其混浩流轉，曲折變化之妙，則無復可以名狀。蓋能文之士，莫之能尚也。而尤長於指陳世事，述敍民生疾苦。方其年少氣鋭，有賈太傅流涕漢廷之風。及既懲創王氏，一意忠厚，思與天下休息。其言切中民隱，發越懇到，使巖廊崇高之地，如親見閭閻哀痛之情。有不能不惻然感動者。眞可垂訓萬世矣。然至義理之精微，則當求之伊洛之書。

朱子於東坡，辨義理則嚴斥之，論文章則深與之。東發承其意，其於評騭蘇文又加翔實焉。然後人讀蘇集，愛其文辭，則尠不增其排拒理學之氣燄。於以知心胸廣大、識趣明允之於學者爲難得也。

其讀曾南豐文則曰：

南豐與荆公俱以文學名當世，最相好，且相延譽。其論學皆主考古，其師尊皆主揚雄。其言治皆纖悉於制度而主周禮。荆公更官制，南豐多為擬制誥以發之。豈公與荆公，抱負亦略相似，特遇於世者不同耶。抑聞古人有言：「有治人，無治法。」詳於法必略於人。秦法之密，漢網之疏，其效亦可覩矣。南豐之文多精覈，而荆公之文多澹静。荆公之文多佛語，而南豐之文多闢佛，此又二公之不同者。

朱子極喜南豐文，少嘗慕效之。日鈔此條，兼論南豐、荆公，論其文，又論其人、其學。並縱及於歷代之治道，宋初之政制，又及於周官一書之不可信用。皆是卓見獨出。苟非性理大儒，固不能有此魄力與此識見。因經史治道，本當爲性理大儒所潛心探索也。若限於以談心說性爲理學，則遇南豐、荆公集，亦將有無話可說之憾。而一輩以絺章繡句爲盡文學之能事者，雖日抱曾、王兩集，亦將無話說得到此。

其讀荆公集，於荆公上仁宗皇帝書言「方今患在不知法度」，其他如伯夷論、三聖人論、周公論之類，無不一一爲之考覈其所論之是非得失；而於老子辯，則深喜之，謂：「當寫出熟讀。」又曰：「上人書云：『文者務於有補於世而已。』與祖擇之書謂：『二帝三王引而被之天下之民，孔子孟子書之策，皆聖人之所謂文。』愚謂論文至此，不其盛矣乎。」此皆於荆公集有所取。

又曰：

文人不護細行，世有是言矣。亦孰知博學能文，其清修苦節有如荆公者乎！公之文，有論理者，必欲兼仁與智而又通乎命。有論治者，必欲養士、教士、取士，然後以更天下之法度。其文率曖昧而不彰，迂弱而不振，未見其有犂然當人心，使人心開目明，誦詠不忘者。或者，辨析義理之精微，經綸治道之大要，固有待於致知之眞儒耶。惟律詩出於自然，追踪老杜，記誌極其精彩，髣髴昌黎，雖有作者，莫之能及。公其文人之護細行者乎。

東發評荊公乃「文人而護細行」，評其文，謂「未能使人心開目明，誦詠不忘」，所評皆迥不猶人，而又恰切不移。又謂其「因細行而致大用」，並引蜀人某氏言「人雖誤國，文則傳世」，謂是「確論」。因謂其「論治講理之文，與題詠記碣之文如出兩手，不當例觀」。此等皆是論人、論事、論學、論文，平正明達，各得其當，洵非性理大儒則莫能如是也。

其讀山谷集則曰：

> 涪翁孝友忠信，篤行君子人也。世但見其嗜佛老，工嘲詠，善品藻書畫，遂以蘇門學士例目之。愚熟考其書，其論著雖先莊子而後語、孟，至晚年自列其文，則欲以合於周孔者為內集。不合於周孔者為外集。其說經，雖尊荊公而遺程子，至他日議論人物，則謂周茂叔人品最高，謂程伯淳為平生所欣慕。方蘇、程門徒相詆，獨涪翁超然其間，無一語雷同。方荊公欲挽俞澹老削髮半山，涪翁亦嘗諫止。此其天資高明，不緇不磷，豈蘇門一時諸人可望。讀涪翁之書而不於其本心之正大不可泯沒者求之，不足知涪翁，亦恐自誤。

如此之論，誠所謂義理、考據、辭章三者兼盡，豈止爲涪翁一人辨白而已乎！惜乎東發此辨，後人亦少注意。蓋東發生時不淑，其書流布既已不廣，又文章之士不讀性理書，研心性號理學者又排拒文章，不加理會，於是東發此等議論，七百年來，眞如古調之獨彈，無有過而聽之者。信知學風不變，則眞學實見，終亦甚難豁然而出也。

其讀汪浮溪集則曰：

浮溪之文，明徹高爽，歐蘇之外，邈焉寡儔。艱難扈從之際，敷陳指斥，尤多痛快，殆有烈丈夫之氣。至其行責詞，則痛詆李綱；草麻制，則力褒秦檜。平居議論，則鄙經學而尊詞章。詞章陋習，滅沒人才，一至此甚。不然，公之成就，豈止如今日所見而已哉！

理學之外不能無詞章，而詞章終亦不能背棄理學以自成爲文章。學術失其正，其害至於滅沒人才，東發之寄慨者深矣，又豈僅爲汪氏一人而發。

其讀范石湖集有曰：

自昔士大夫建明，多爛然於高文大册之間，而至今小民疾苦，終夔然於窮簷敗壁之下。豈非人存則政舉，而有國有家者，常宜以得人為急務哉！

東發以石湖擬東坡，謂兩人皆「蹤跡遍天下，審知四方風俗，所至登覽嘯詠，爲世欣慕。」然又謂：

「蘇文開闢痛暢，又放浪嶺海，四方人士爲之扼腕，故身益困而名益彰。石湖文簡樸無華，又致位兩府，福祿過之，流風遺韻，亦易消歇。」其所較量於兩人者，可謂深摯。然蘇、范皆文章之士，而亦皆能關心民瘼，東發以士大夫之高文大册與窮簷敗壁間之小民疾苦相提並論，而主爲政者宜以得人爲首務，此則其論治重人過於重法之一貫主張也。

其讀葉水心集有曰：

乾、淳間，諸儒彬彬輩出，晦翁本大學致知格物以極於治國平天下，工夫細密。而象山斥其支離，直謂卽心是道。陳同甫修皇帝五霸之學，欲前承後續，力拄乾坤，成事業而不問純駁。陳傅良則又精史學，欲專修漢、唐制度吏治之功。其餘紛紛，大要不出此四者。雖精粗高下難齊，而皆能自白其說，皆足以使人易知。獨水心混然於四者之間，總言統緒，然未嘗明言統緒果為何物，令人曉然易知。

又曰：

水心論兵、財、習俗，明白貫徹，筆端有口，一何奇也。其論皇極、大學、中庸，但見其班班有字，而玩索莫曉，一何甚也。

又曰：

水心能力排老莊，乃並譏伊川。能力主恢復，乃反斥張魏公。能力詆本朝兵財靡敝天下以至於弱，乃欲割兩淮、江南、荆、湖棄諸人，以免養兵，獨以兩浙為守。水心之見稱於世者，獨其銘誌、序跋筆力橫肆爾。近世自號得水心文法者，乃以陰寓譏罵為能。不於其橫肆，而獨於其戲者。水心之傳世者僅此，而學之者又辱之，且關學者心術，故為之辨。

凡其辨水心，學術、政事、文章三項，一一精覈，後世論者莫能及。

以上備引日鈔讀文集十家，以見理學家中能游心文苑，朱子以下，當首推東發。此途不闢，則理學終成偏枯。而東發於朱子文，則尤極崇揚。兹引其一節以殿，曰：

晦菴先生天才卓絕，學力宏肆。落筆成章，殆於天造。其剖析性理之精微，則日精月明。其窮詰邪說之隱遁，則神搜霆擊。其感慨忠義，發明離騷，則苦雨淒風之變態。其泛應人事，游戲翰墨，則行雲流水之自然。究而言之，皆此道之流行，猶化工之妙造也。

蓋東發所抱「文道一體」之理想境界，即以朱子一集爲其具體之實例也。

日鈔於子部，上自莊老，下迄當代，一一爲之別眞僞，判是非，用力亦甚勤。如曰：

莊子以不覊之才，肆跌宕之説，創為不必有之人，設為不必有之物，造為天下所必無之事，用以眇末宇宙，戲薄聖賢，走弄百出，茫無定踪，固千萬世詼諧小説之祖。然時有出於正論者，所見反過老子。老子不過卑退自全，莊子往往明白中節。

又曰：

莊子可録者過於老子，然其悖理則尤甚於老子。

又論荀子主性惡曰：

彼所謂「僞」，人為之名，非詐僞之謂。若曰人性本惡，修為斯善，其意專主習而不主性，其説遂墮一偏。又古今字義漸變不同。如古以「媚」為深愛，而後世以為邪。古以「佞」為能言，而後世以為諂。荀子所謂「僞」，殆類中庸之所謂「矯」。擇言不精，遂犯衆罵。

其論管子，謂：

其書不出一人之手。大抵其別有五。心術、內業等篇，影附道家以為高。侈靡、宙合等篇，刻斲隱語以為怪。管子之情見於牧民、大匡、輕重之篇。牧民文篇最簡明，大匡之篇頗粉飾，輕重之篇殆傅會。

其論列子，謂：

其靜退似老聃。老聃用隱術，而列子無之。其誕謾似莊周。莊周侮前聖，而列子無之。其學類楊朱。故其書有楊朱篇。張湛序其書，謂「往往與佛經相參」，則晉人好佛，因列子多誕，寄影其間。

其論公孫龍，曰：

其略有四，一曰白馬非馬，二曰物莫非指，三曰雞三足，四曰堅白石。臧三耳之辨，亦出公孫龍，孔叢子、呂氏春秋載之，此書不及。

其論淮南子，曰：

自周衰，天下亂，諸子蜂起，爭立異説。漢興，一切掃除，歸之忠厚，諸子之餘黨無所售，諸侯王之好事而不知體要者稍稍收之。淮南王安不幸貴盛而多材，慷慨而喜事，起而招集散亡，於是戰國以來諸子遺毒餘禍皆萃於安。

又曰：

古語有之：「君子道其常，小人道其變。」諸子之所語者變而已。莊列以來無一不然，鴻烈所集，大率此類。而於其紛然類集之中，乃有自反其説，足以明天下之常者。始作衣者，十三卷以為伯餘，十九卷以為胡曹，此則集衆為書，不相參照之弊。

論陸賈新語曰：

賈本旨謂「天下可以馬上得，不可以馬上治」之意，十二篇咸無焉，此書似非陸賈之本眞。

其論春秋繁露曰：

隋、唐、國初繁露，未必皆董仲舒之舊。中興後繁露，又非隋、唐、國初之繁露。漢世之儒，惟仲舒仁義三策，炳炳萬世，曾謂仲舒之繁露而有是乎？歐陽公讀繁露不言其非眞，而譏其不能高其論以明聖人之道。仲舒純儒，歐公文人，此又學者所宜審也。

其論論衡曰：

惜其初心發於怨憤，持論失於過激，失理之平，正與自名「論衡」之意相背。至其隨事各主一說，彼此自相背馳。

其論申鑒，曰：

喜於立論，而當理者殊少，文亦頗卑弱，與其所著漢紀頗不類，未知果悅之眞否？

其論參同契，曰：

近世蔡孝通學博而不免於雜，嘗留意此書，晦翁與之游，因為校正，其書頗行，然求其義則終無之。

其論孫子，曰：

孫子之書，兵家之祖，亦庶幾乎立言之君子。諸子自荀、揚外，其餘浮辭橫議者莫與比。

右所引摘，不足日鈔所論刊四之一，又每書僅摭其數語，特以見東發讀書，義理、考據、辭章無不游心；小至於一事一物，大至於世運隆汚，宇宙道要，學博而能醇；與盡屏文史百家，專務幾條語錄，談心說性，而自謂理學者，乃絕不相似也。

東發於史學，亦見博洽。日鈔以外，復有古今紀要十九卷，上起左、國，下訖北宋，專就史書，撮其綱領，採其粹語，而主要一歸於人物。博綜條貫，細大並包，兼附評論，簡約扼要。取以與日鈔合讀，可見東發治史之大概。但不知兩書先後。竊疑既已遍及古今諸史，當是一時循次誦讀，則日鈔讀史諸卷應在前；同時又加整理，乃成紀要也。日鈔無東漢書，僅有一條附西漢書末，而紀要後漢占一卷，首尾無缺。則日鈔必是本有而佚空也。其僅有之一條云：

東漢人才，類過西漢。西漢如董生、王陽以道出處者，不過一二人。其他類皆才智之士。東漢則忠信篤厚之士十居八九。自光武初興，一時驅馳介冑者，已莫不然。才智者可與集當世之功，忠信者可與語古人之道。然東漢卒不古若者，世祖鑒新莽之弊，終東漢之世，士大夫未嘗得一日之權也。以是事歸臺閣，又歸外戚，又歸宦官，而道義之士卒殲於黨錮。嗚呼悲夫！天子之職，在論一相，而可因咽廢食也哉。

東發論政，常主有治人，無治法。故其讀史，亦備詳人物，而不過重於制度。惟東漢書僅存此一條，而要言不煩，一切盡歸之於光武創制之不善。此見高賢大儒之讀書，其所爲終異於常人也。

其論三國志云：

蜀者，地之名，非國名也。昭烈以漢名，未嘗以蜀名。不特昭烈，雖孫氏之盟亦曰：「漢、吳既盟，同討魏賊。」彼小人兮，獨何所據而以蜀名之。國之有稱號，猶人之有姓氏，自古未有改人之姓氏而筆之書，則亦未有改人之國號而筆之史者。劉淵自謂漢，人猶謂之漢；元帝𥳑𥳑南渡，世亦謂之晉。未聞以其居吳而謂之吳也。史氏實錄，將以示信萬世，從而蜀之，何歟？

紀要亦曰：

陳壽何人，一旦滅漢之號而私以蜀為稱。習熟既久，甚至通鑑亦仍其舊。

此一檢舉，陳壽以來發其覆者不多。朱子以通鑑承三國志書「蜀入寇」，遂起意欲爲綱目，然於昭烈國號爲漢非蜀，竟亦未能辨正。東發始發此正名之議，然此下魏、蜀、吳三國稱號，竟亦莫之能改，陳壽私舉，遂成歷史定案，亦可怪也。

（一九七一年一月故宮博物院圖書季刊一卷三期）

王深寧學述

黄東發同時，尚有王應麟，字伯厚，自號深寧居士，學者稱爲厚齋先生，其學亦承朱子。清江貝瓊之言曰：

自厚齋尚書倡學者以考亭朱子之説，一時從之而變。故今粹然皆出於正，無陸氏偏駁之弊。然則四明之學，以朱而變陸者，同時凡三人矣。史果齋也，黄東發也，王伯厚也。三人學術即同歸矣，而其倡和之言不可得聞，何也？厚齋著書之法，則在西山眞為肖子矣。

是元儒固謂東發、伯厚，其學同歸。黄梨洲宋元學案原稿，以深寧傳附眞西山學案，亦承貝清江之意。全謝山宋元學案，始別爲深寧學案，其言曰：

四明之學多陸氏，深寧之父，亦師史獨善以接陸學。而深寧紹其家訓。又從王子文以接朱氏，從樓迂齋以接呂氏，又嘗與湯東澗游。東澗亦兼治朱、呂、陸之學者也。和齊斟酌，不名一師。

又爲同谷三先生書院記，其言曰：

王尚書深寧，獨得呂學之大宗。或曰：深寧之學，得之王氏埜、徐氏鳳，王、徐得之西山眞氏，實自詹公元善之門。而又頗疑呂學未免和光同塵之失，則子之推為呂氏世嫡也，何歟。曰：深寧論學，蓋亦兼取諸家。然其綜羅文獻，實師法東萊。況深寧少師迂齋，則固明招之傳也。

又爲宋王尚書畫像記，亦曰：

先生之學，私淑東萊，而兼綜建安、江右、永嘉之傳。

竊謂謝山學案，於史學有貢獻，而於理學爲皮外。並深受李穆堂影響，於朱子更持偏見。其於王伯厚困學紀聞，又繼閻百詩、何義門兩人之後，爲之箋注，其重視此書可知。其序有曰：「江西萬丈孺廬見之，嗟賞以爲在二家之上。」萬孺廬亦如李穆堂，由陸氏而尊荆公，其偏見亦特深。故謝山於深寧，決不承其學出朱子，然此實自元以下學術界之公論。袁桷序困學紀聞有曰：

禮部尚書王先生出，知濂、洛之學，淑於吾徒之功至溥。然簡便日趨，偷薄固陋，瞠目拱手，面牆背芒，滔滔相承，恬不以為恥。於是為困學紀聞二十卷，具訓以警。

謝山評之曰：「清容絕不知學。」

今考袁桷於深寧六十五歲時來受業，時宋亡已十二年。桷亦年十二，自稱在門下十年。清容集有陳志仲墓誌，有云：「宋季詞科，呂成公、眞文忠傳諸徐鳳，徐鳳傳諸王公應麟。」則前人謂深寧得呂、王之傳者，特指其早年詞科之學言。深寧之從學於王埜，在十九歲時。其從學於徐鳳，則不知在何年。要之皆早歲之事。清容從學於深寧則在深寧之晚歲。困學紀聞乃深寧晚歲著作，清容十年親炙，其言寧不可信，乃可以「絕不知學」四字輕加棄斥乎？

四庫全書困學紀聞提要有曰：

應麟博洽多聞，在宋代罕其倫比。雖淵源亦出朱子，然書中辨正朱子語數條，如論語註「不舍晝夜」舍字之音，孟子註曹交曹君之弟，及謂大戴禮為鄭康成註之類，皆考證是非，不相阿附。

亦明謂深寧之學淵源朱子。至其舉辨正朱子語，皆屬小節，遠不能與東發之駁朱子者相比，然又何害東發之一宗朱子乎？又案紀聞卷七云：「楚辭辨證云：『洪引顏師古曰：舍，止息也。屋舍、次舍皆此義。論語不舍晝夜，謂曉夕不息耳。今人或音捨者非是。』辨證乃朱子晚歲之書，當從之。」則此一條，乃是卽以朱子正朱子也。

今請證之以紀聞之本書。紀聞卷十五有曰：

> 止齋謂本朝名節自范文正公，議論文章自歐陽子，道學自周子。三君子皆萃於東南，殆有天意。

又曰：

> 周元公生於道州，二程子生於明道元二間，天所以續斯道之緒也。

又卷五有曰：

朱文公答項平父書云：「子思以來，教人之法，惟以尊德性、道問學兩事為用力之要。子静所說，專是尊德性事，而某平日所論問學上多。所以為彼學者，多持守可觀，而看義理不細。而某自覺於為己為人上多不得力。今當反身用力，去短集長，庶幾不墮一邊。」卽此觀之，文公未嘗不取陸氏之所長也。太極之書豈好辯哉。

觀此三條，知上引袁清容、貝清江以及四庫館臣之言皆不虛。全謝山亦知紀聞援引奥博，非可以陸學相擬，乃亦不欲歸之於朱，乃謂其兼取朱、陸，而獨得呂學之大宗。然考紀聞卷十五引李微之云：

東萊之學甚正，而優柔細密之中，似有和光同塵之弊。象山之學雖偏，而猛厲粗略之外，卻無枉尺直尋之意。

若以此條會合上引三條同看，深寧之於朱、呂、陸三家，豈誠如謝山所謂「和齊斟酌，不名一師」乎？至謝山謂深寧少師迂齋，證其爲明招之傳，此亦誤不足據。謝山宋元學案麗澤諸儒學案：「樓昉，號迂齋，從東萊於婺。李悦齋學士，王厚齋尚書，其高弟也。」王梓材案云：

李悅齋為紹熙庚戌進士，厚齋尚書以嘉定癸未生，相去三十四年。且其父溫州，已是幼從迂齋，尚書未必再及樓門。

則謝山之誤顯然矣。

又考深寧四明文獻集卷一詩考語略序有曰：

漢言詩者四家，師異指殊。賈逵撰齊、魯、韓與毛氏異同，梁崔靈恩采三家本為集註。今惟毛傳鄭箋孤行。韓僅存外傳，而齊、魯詩亡久矣。諸儒說書，一以毛、鄭為宗，未有參考三家者。獨朱文公集傳，閎意眇指，卓然千載之上。言關雎則取康衡。柏舟婦人之詩，則取劉向。笙詩有聲無詩，則取儀禮。「上天甚神」，則取戰國策。「何以恤我」，則取左氏傳。抑戒自儆，昊天有成命道成王之德，則取國語。「陟降庭止」，則取漢書註。賓之初筵，飲酒悔過，則取韓詩序。「不可休思」，「是用不就」，「彼岨者岐」，皆從韓詩。「禹敷下土方」，又證諸楚辭。一洗末師專己守殘之陋。學者諷泳涵濡而自得之，躍如也。文公語門人，文選註多韓詩章句，嘗欲寫出。應麟竊觀傳記所述三家緒言，尚多有之。網羅遺軼，傅以說文、爾雅諸書，萃為一編，以扶微學，廣異義，亦文公之意云爾。集傳者或有考於斯。

觀於此序，知厚齋之治詩與其治經之宗師所在矣。

又同卷跋袁潔齋答舒和仲書有曰：

右潔齋袁先生答廣平舒先生和仲書。昔子朱子有言，子思教人之法，以尊德性、道問學兩事為用力之要。陸子静所言，專是尊德性。潔齋先生之學，陸子之學也。觀其尺牘，皆勉學之要言。蓋尊德性實根本於學問，未嘗失於一偏，是亦朱子之意也。所謂「但慕高遠，不覽古今，務為高論，不在書策」者，箴末俗之膏肓，至深至切。所謂「古人多識前言往行，日課一經一史」，斯言也，學者當書紳銘几，晝誦夜思，尊所聞，行所知，可不勉歟。

此亦所謂以朱變陸之一證也。

又紀聞卷一有曰：

召平、董公、四皓、魯兩生之流，士不以秦而賤也。伏生、浮丘伯之徒，經不以秦而亡也。萬石君之家，俗不以秦而壞也。剥之終曰「碩果不食」，陽非陰之所能剥。

深寧紀聞之書成於元代。袁清容集言：「深寧當元初，嘗爲俗吏所窘，惟杜門用晦而已。久之，始有稍稍致敬於深寧者，然深寧杜門如故。」謝山以紀聞此條爲深寧有感於身世之言，是也。四明叢書有深寧文鈔摭餘編，卷一有戴氏桃源世譜序，有曰：

彼黍離離，故家與國升降。雖然，義理在人心，萬古不磨。綱常在宇宙，億世不泯。伏生、申公、高堂生之經學，士不以秦而賤。萬石君家之孝謹，魯兩生之節操，俗不以秦而薄。言「良貴」者不以人爵，言「不朽」者不以世祿。修其在我而已。

知此意深寧乃屢言之，其有感於身世者至深矣。明遺民顧亭林有亡國、亡天下之辨，又曰：「天下興亡，匹夫有責」，此卽深寧「修其在我」之意也。

紀聞又曰：

天地未嘗一日無陽，亦未嘗一日無君子。故十月為陽，純坤稱龍。易於蠱，「終則有始」。於剝，「消息盈虛」。於復，「反復其道」。皆曰「天行也」。然則無豫於人事與？曰：聖人以天自處，扶陽抑陰，盡人事以回天運，而天在我矣。

卷三又曰：

「凡百君子，各敬爾身。胡不相畏，不畏於天。」詩云：「宗周即滅」，哀痛深矣，猶以敬畏相戒。聖賢心學，守而勿失。中夏雖亡，而義理未嘗亡。世道雖壞，而本心未嘗壞。君子修身以俟命而已。

如深寧、亭林皆值亡國之餘，痛怵於亡天下之將臨，而修身以俟，盡人事以回天運者也。桃源世譜序深望於故家文獻之嬗續，並引及呂成公語；亭林作裴村記，亦由此寄慨。然固不得謂王、顧之意，乃在彼而不在此也。

紀聞卷一又云：

廉恥，國之脈也。廉恥泯則國從之。

卷二又云：

畢命一篇，以風俗為本。殷民即化，其效見於東遷之後。盟、向之民，不肯歸鄭，陽樊之民，不肯從晉。及其末也，周民東亡而不肯事秦。王化之入人深矣。唐賈至議取士，以安史之亂為鑒。謂：「先王之道消，則小人之道長。小人之道長，則亂臣賊子生焉。」蓋國之存亡在風俗。四維不張而秦歷促，恥尚失所而晉祚覆，至其知本之言哉。

又曰：

乃命三后。先儒曰：「人心不正，則入於夷狄禽獸，雖有土不得而居，雖有穀不得而食。故先伯夷而後及禹、稷。」此說得孔子「去食」、孟子「正人心」之意。小雅盡廢，其禍烈於洚水。四維不張，其害憯於阻饑。

此條引「先儒」，乃呂東萊書說。深寧引朱子，必稱文公，又曰子朱子。其於東萊，則或稱「先儒」。其於朱、呂兩人之輕重，即此小節可見，亦可見謝山言之無證也。

又卷二十有曰：

尚志謂之士，行己有恥謂之士，否則何以異乎工商。

顧亭林特以「博學於文，行己有恥」八字教人。其爲日知錄，極近困學紀聞。博學於文，兩人固極相似。其重視風俗，而以「行己有恥」四字自律，實亦紀聞之書先啟之也。

又紀聞卷十三有曰：

曲禮、少儀之教廢，幼不肯事長，不肖不肯事賢。東都之季，風化何其美也。魏昭請於郭泰，願在左右，供給灑掃。荀爽謁李膺，因為其御。范滂之歸，鄉人殷陶、黃穆侍衛於旁，應對賓客。闕里氣象，不過是矣。

亭林日知錄特標風俗一卷，而最稱美東漢，其意亦自紀聞啟之。

又卷二十有曰：

「羣居終日，言不及義」，而險薄之習成焉。「飽食終日，無所用心」，而非僻之心生焉。故曰：民勞則思，思則善心生。寤寐無為，澤陂之詩所以刺也。

亭林日知錄即以論語此兩語分說南北風俗之病，方樸山已謂其即本之紀聞。

紀聞卷七又云：

沮溺、荷蓧之行，雖未能合乎中，陳仲子之操，雖未能充其類，然惟孔孟可以議之。斯人清風遠韻，如鸞鵠之高翔，玉雪之不汙，視世俗徇利亡恥，饕榮茍得者，猶腐鼠糞壤也。小人無忌憚，自以為中庸，而逸民清士，乃在譏評之列，學者其審之。

謝山云：「此言亦必有感於當時之爲孔光、馮道者。」今按：亭林託言其母，矢志不仕。鸞鵠高翔，玉雪不汙，異世同情，亦猶深寧之在元世也。

又卷六有云：

公山不狃曰：「君子違不適讐國，所託也則隱。」斯言也，蓋有聞於君子矣。背君父以覆宗國者，不狃之罪人也。

謝山曰：「斯言也，爲呂文煥、劉整、范文虎諸人言之。」故凡其心不在宋、元之際以及明、清之際之天地大轉變、夷夏大反覆者，即不足以讀困學紀聞與日知錄。亦可謂凡其心不在民族文化絕續興亡之大者，即不足以與論深寧、亭林兩人之爲人與爲學。

深寧文鈔摭餘編卷一又有諸經通義序，有曰：

聖人作經載道，學者因經明道。學博而不詳說之，無以發羣獻之眇指。說詳而不反約，無以析羣言之殽亂。經學至於通而止，漢儒之說，何其紛紛也。

深寧言「作經載道」，「因經明道」，亦可謂卽是亭林「經學卽理學」之先聲。此種在經學上之見解與抱負，苟非淵源朱子，又豈呂、陸之傳乎？清儒如閻潛邱、全謝山，固亦極重深寧，然僅知重其博雅，於深寧明道求通之意，固無所知。惟在彼兩人，尚未有漢、宋壁壘之見，而終無免於漢、宋壁壘之繼起。徒務博雅考證，雖不爲漢儒之紛紛，亦以成此下清儒之拘拘，此亦學術史上一至可惋憾之事也。

又同卷小學紺珠序有曰：

小學者，大學之基也。見末知本，因略致詳，誦數以貫之，倫類以通之，博不雜，約不陋，可謂善學也矣。

深寧注重小學，顯亦淵源朱子。然非清儒乾嘉以下之所謂小學也。

又四明叢書有陳餘山輯深寧年譜，引浚儀遺民自誌一文，乃深寧先期自爲墓志，有曰：

> 制稿才弱，文不逮古。嗜學老不倦，為困學紀聞。彙次之書，有詩考、漢藝文志考、通鑑地理考、地理通釋、通鑑答問、集解踐阼篇、補注急就篇、王會篇。輯古今言行為家訓。其文稿曰深寧集，然不足傳也。

此乃深寧自道其畢生治學，於早年詞科本不自滿。而謝山深寧學案則曰：「予之微嫌於深寧者，正以其詞科習氣未盡。」固何爲而必作此言乎？至於深寧自謂彙次諸書，亦非深寧所重。深寧所鄭重提及者，則爲其「嗜學老不倦」而所爲之困學紀聞。其書經史湛深，明道經世，此下惟亭林日知錄足以媲美。而謝山又必以爲深寧獨得呂學之大宗。又曰：「其綜羅文獻，實師法東萊。」不知紀聞一書，論其精神血脈，究與東萊爲學有甚深之類似否？抑亦可謂厥後亭林之學，亦復師法東萊否？謝山宋元學案，其綜羅文獻之功，謂其師法東萊則可；其注意明、清之際之鄉邦文獻，在當時，不可謂其無所得於深寧與亭林。然其爲學之精神血脈，則固與深寧、亭林不可相提並論矣。今可謂謝山之爲學案，乃是其經史學之一種表現。而謝山之經史學，乃淵源於深寧、亭林。而深寧、亭林經史之學之別有其淵源，則謝山所不知也。

昔孟子論學，有「親炙」與「私淑艾」之別。孔子以聖師垂教，七十弟子及門親炙，斯誠曠世難觀之奇遇。然既生値同時，能尊所聞、行所知則止，若求別有闡發，其事則難。抑且身在廬山中，不易識廬山之眞面目。孔子惟讚顏回爲好學，因顏子於孔子，所識特深。然使顏子獲壽，後孔子而卒，恐亦於孔子之道未能別有所發明。何者？時代不相異，則其立言傳教，自亦無可大相異也。孟子生後孔子百有餘歲，時移世易，雖自曰私淑艾，若有異於及門之親炙，然能發明孔子之道，使後世並稱曰孔孟，則私淑之與親炙，固雖異而並不異也。二程傳道於伊洛之間，謝、楊、游、尹及門親炙者亦有徒矣，然必至朱子而後二程之說獲以大明。朱子之於二程，亦已在百年四傳之後，是亦私淑也。朱子及門親炙之徒亦盛矣，然朱子歿，其徒亦尊所聞、行所知而止，無有能大發明於朱子之學者。下及東發、深寧，則亦三傳四傳幾達百年之久矣。余今考論朱學流衍，首舉東發、深寧，蓋以學術之傳，非久無以見其變，非變無以見其通，非通亦無以大其傳。朱子之學，傳至於東發、深寧，一若面貌全非，然其精神血脈，則固不失爲朱子之嫡傳也。

朱子之學，大率可分兩途。一曰性理之學，一曰經史之學。性理之學，上接二程。伊川之稱明道曰：「先生生乎千四百年之後，得不傳之學於遺經，以興起斯文爲己任，蓋自孟子之後一人而已。」今縱謂伊川之言可信，然子貢有言：「文武之道，未墜於地，在人。賢者識其大者，不賢者識其小者。莫不有文武之道焉。夫子焉不學，而亦何常師之有。」則豈可謂孟子以下千四百年，乃並無不賢識小者之存在乎！子貢又曰：「夫子之文章，可得而聞也。夫子之言性與天道，不可得而聞也。」是知孔子之教，固兼有「性與天道」與「文章」之兩途。孔子前輩弟子中，惟顏子能言夫子「博我以文，約我以禮」，知兼兩者而爲學。子貢則曰「回也聞一以知十，賜也聞一以知二」，是其著意已僅在於博文。不知孔子固曰：「吾無隱乎爾，吾無行而不與二三子者是丘也。」此乃孔子即在文章中見性道，卽在博文中見約禮，而子貢不之知，故有孔子少言性與天道之疑。孔子後輩弟子中，有子、曾子，偏於性道與約禮。子游、子夏，偏於文章與博文。故孔子既以告子貢，復以告曾子，皆曰「吾道一以貫之」也。

孟子似偏於性道一面，荀子則偏於文章一面。今縱謂性道之學，自孟子後千四百年無傳人，至宋而有程子。然文章之傳，則固千四百年未嘗絕。亦豈可謂此千四百年文章之傳，乃絕無性道之可見乎？朱子言性理，推尊其傳自程子。而其經史之學，則跨越二程，直溯北宋諸儒以上接漢、唐。固不得謂孔門無此文章一脈也。亦不得謂此文章一脈，乃絕無當於性道也。象山疑朱子爲支離，卽指其經史博文之一面。而自謂直承孟子。惟亦於明道無間言。此亦不得謂其非孔門約禮之一路。然於博文之教，則終無相當。

東發、深寧二人，乃於朱學流衍中，能兼得博文、約禮之二者。惟東發似稍偏於性道，深寧似稍偏於經史。然雖畸輕畸重，各求一以貫之，固非偏於此而絕於彼。以深寧較之東萊與象山，深寧博文之學，自可兼采並納，而謝山必謂其綜羅文獻，兼取諸家，於朱、呂、陸三家之學，和齊斟酌，不名一師。此或可謂乃謝山之自道，而豈眞知深寧爲學之精神血脈所自乎！

東發、深寧以下，元儒之於朱學，終不能不偏於博文一途。既已仕於元爲異族之臣，大節已虧，何論約禮。故如吳草廬，亦僅能肆意於博文。然亦尚知理學淵源，乃轉爲朱、陸和會之說，是亦其心可諒；而繩之以朱學之正傳，則終不能與東發、深寧相擬。明儒繼起，懲元之弊，又轉而薄文章，重性道，於是有如康齋、敬齋、月川、敬軒、整菴諸人，其於朱學，皆重性理，輕經史，偏向一邊。於是而有白沙、陽明之崛起。白沙尊朱，陽明崇陸，要之其薄經史博文之學而不爲，則一也。東林高、顧，力欲挽王返朱，然其於經史博文之學，則亦終隔一間。

亭林、桴亭，身爲晚明遺民，激於民族大義，怵於亡國亡天下之深痛，其抱道爲學，一欲力反之於朱，而二人之學亦各有偏。亭林持論，謂：「性也命也天也，夫子之所罕言，而今之君子所恒言。出處去就辭受取與之辨，孔子、孟子之所恒言，而今之君子所罕言。愚所謂聖人之道，曰：博學於文，行己有恥。」蓋其與深寧身世同，故感慨亦同。日知錄之成書，乃若最與困學紀聞相似。然日知錄書中屢引東發，少引深寧。斯則因性道約禮之學貴能尊傳統，經史博文則尚心得。故言性理，不當有背於孔孟。言經史，則非孔孟之所能拘。此在朱子亦復如是。其言格物，一遵二程，而大學格物補傳，則固是其新創。黃梨洲言：「東發日鈔之作，折衷諸儒，卽於考亭，亦不敢苟同。其所自得者深也。今但言文潔之上接考亭，豈知言哉。」此則梨洲之自爲不知言耳。而謝山承之，必以不名一師求深寧，此固不明學術大統之所在矣。

以桴亭思辨錄較之亭林日知錄，則桴亭之於性理與經史，約禮與博文，似偏重在前一路。要之亭林、桴亭之學，於此性理、經史，約禮、博文之二者，各能知「一以貫之」之意，此則可以上承東發、深寧而無媿，亦不失爲朱學之嫡傳。繼此以往，如王白田、朱湘淘二人之學，雖亦同尊朱子，然湘淘重在闡發性理，白田重在考證經史，亦復各有所偏輕偏重。凡此諸家之有得於朱學之深淺，則一可於其偏輕偏重間之差別得失而判。至如呂晚村專以民族大義闡朱，雖亦不失爲一遺民之知耻者，較之陸稼書之徒則勝矣；若論學術地位，所關者大，晚村尚不能比梨洲，固不能僅以一節而定也。

清儒之專治漢學，則始於元和惠氏。惠半農手書楹帖，曰：「六經尊服鄭，百行法程朱。」既已時移世易，要之於滿清爲順民，縱不當以深寧、亭林知耻之義相責，縱不能以亡天下之大任繩之，然以漢學、宋學顯分爲二，卽不啻以性理、約禮之學與經史、博文顯分爲二矣。於是江鄭堂既爲漢學師承記，又爲宋學淵源記，兩記所收人物，乃截然各別。尤可異者，淵源記中有朱澤澐，卽湘淘，而更不見王白田。殆爲白田以經史考證途徑治朱子，故擯不得納入於漢、宋之兩壁壘歟？而師承記之褒然居首者，則曰閻若璩、胡渭。閻氏顯然尊崇朱子，其爲古文尚書辨僞，卽承朱子而來。於王深寧亦特知崇重，故爲紀聞特加箋注。其於亭林日知錄，曾改正數事，此其重視亭林亦可知。所異者，僅知文章，未通性道，於約禮知耻一節，則有虧矣。江氏所謂漢學、宋學之辨，豈亦僅在於此乎？而江氏書乃以黃宗羲、顧炎武兩人抑在漢學之卷末，又以黃宗羲居顧炎武之前，而曰：「梨洲乃蕺山之學，矯良知之弊，以實踐爲主。亭林乃文清之裔，辨陸王之非，以朱子爲宗。故兩家之學，皆深入宋儒之室，但以漢學爲不可廢耳。」此見其多騎牆之見，依違之言，豈眞知灼見者哉？又曰：「甲申乙酉之變，二君策名於波浪礪灘之上，竄身於榛莽窮谷之中，不順天命，強挽人心，發蛙蠅之怒，奮螳螂之臂，以烏合之眾，當王者之師，未有不敗者矣。逮夫故土焦原，橫流毒浪之後，尚自負東林之黨人，猶效西臺之慟哭。雖前朝之遺老，實周室之頑民。當名編熏胥之條，豈能入儒林之傳哉？」江氏之論如此，固無當於平章學術，而亡國之餘，必繼之以亡天下。學術不明，人道將絕，豈不顯而易見乎？

故治漢學，則必反宋學，尤必反朱子，而元和惠氏不足當其任，仍必以休寧戴氏爲之魁。此又學術流衍趨勢所必至也。鄭堂引戴氏之言曰：「六經之至者道也。所以明道者辭也。所以成辭者字也。必由字以通其辭，由辭以通其道，乃可得之。」於是所謂「道」者，乃只存字辭之訓釋，始與性理無關，身世無關，與出處去就、辭受取與亦無關。然後異族順民，乃始可以承當大道，無玷無媿。此又元、清兩代學術流衍所必有之趨勢，所深值後人之警惕者。而後清儒崇漢學，治六經，乃必以許叔重之說文解字爲小學，而學術亦重歸於一途。

鄭堂又論江慎修有曰：「考永學行，乃一代通儒，戴君爲作行狀，稱其學自漢經師康成後，罕其儔匹。非溢美之辭。然所著鄉黨圖考、四書典林，帖括之士竊其唾餘，取高第、掇巍科者數百人，而永以明經終老於家。豈傳所謂志與天地擬者，其人不祥歟？」慎修此兩書，亦僅用力於考據，與明道無關，而鄭堂猶謂其「志與天地擬」，豈鄭堂亦知明道之功，四書猶當在五經之上乎？又豈是表其惋惜之情，而非屬譏諷之辭乎？抑論語之在兩漢，列於小學，孟子則入儒家，不得附於六藝。故論、孟在兩漢，皆不得列博士，明與五經有別。尊四書與五經並，其事始於程朱，豈鄭堂亦並此不知乎？又且慎修之禮書綱目，明承朱子而來；其爲近思錄集注，又明爲尊朱之作，鄭堂又奈何不知乎！豈亦以戴氏一言，乃不得不列之漢學之壁壘中乎？抑且東原之孟子字義疏證，亦僅能本孟子辨朱子，豈亦不知推尊孟子乃出宋學，非漢學乎？

乾嘉諸儒中，求其著書能略與深寧困學紀聞、顧亭林日知錄相擬者，惟有錢竹汀之十駕齋養新錄。然竹汀固不菲薄宋儒與理學，抑於朱子有極深之推尊。是固不當僅以漢學與考據掩蓋其一切。鄭堂於竹汀則曰：「戴編修震嘗謂人曰：『當代學者，吾以曉徵爲第二人。』蓋東原毅然以第一人自居。然東原之學，以肄經爲宗，不讀漢以後書。若先生，學究天人，博綜羣籍，自開國以來，蔚然一代儒宗也。以漢儒擬之，在高密之下，卽賈逵、服虔，亦瞠乎後矣，況不及賈、服者哉！」是鄭堂之重博文，似亦知非治經一途可盡；似亦知竹汀之爲學，未必卽在東原之後。然而其所擬議，則亦惟高密、賈、服而止。似乎上下千古學術之大與富，亦惟有此諸人。乾嘉以下，學術分漢、宋，卽據江氏之書，亦可見其荒謬之何所至矣。

乃下迄民國，學者猶循守漢、宋壁壘，並羣認宋學義理爲空疏，清儒考據則謂有合於西方近代之科學方法。然如深寧之困學紀聞、亭林之日知錄，其考據皆具甚深義旨，固已漫不理會。卽如黃、全兩學案，亦有網羅考據之功，乃亦棄置不顧。乾嘉以下之專經著述，此乃清儒高抬漢學以後之代表作，乃亦未嘗厝心。蓋今人之治考據，復非清儒標榜爲漢學之考據，而別自有其淵源。此則待後人有作中國學術史者所當爲之重加論列也。

（一九七四年十一月東方雜誌臺北復刊八卷五期）

〔附〕讀羅壁識遺

四庫全書子部雜家有羅壁識遺十卷，提要云：

壁字子蒼，號嘿耕，新安人。宋史無傳。據書中引陳摶寒在五更頭之識，稱第五庚申後又十五年而祚移，則其成書在宋亡以後，其人蓋宗仰程朱之學者。如謂：「宋文章多粹，自伊洛發明孔孟，便覺歐蘇氣象不長」，又謂：「夫子之道，至晦翁而集大成。諸家經解，自晦翁斷定，然後一出於正」云云，其本指可見。然其所說，則多引經述史，考訂異同，而不屑為性命之空談；故其議論，往往精博可取。

今按：寒在五更頭一條，見本書卷十，謂宋以庚申起運，將及第五庚申，而己未警於江，又五年理宗薨，十年祚移是也。

書末有隆慶改元三祀姑蘇方山吳岫識，謂是書：

考據確而精，論斷審而正，宋、元著述家多援引之。然傳寫日久，間有亥豕脱亡，欲借一善本訂之，遍索海內無有應。故藏於篋中六十年餘，亦不輕以借人。

凡羅氏爲人與其書之可考見者，僅此而已。全謝山宋元學案無其人。王梓材、馮雲濠所編宋元學案補遺有之，入四十九卷晦翁學案補遺朱學續傳，然僅據四庫提要，別無其他發現。惟謂：「考元史，別有羅璧，字仲玉，鎮江人。從朱禩孫入蜀，仕至都水監。」如此而已。

今按：識遺卷二有擔頭上看花一條，謂：

魏鶴山云：「人須將三代以前規模在胸次，一一從聖經看來，庶親到地位。若只在諸儒腳下盤旋，終不濟事。緣擔頭上看花，終不若樹枝頭天然活精神也。」此語蓋為舍六經泥訓詁者發。朱文公亦謂：「詩、易之類，多為先儒穿鑿所壞，使人不見當時立言本意。人須是虛心平氣，於本文之下不要留一字，惟本文本意是求，則聖賢之指得矣。」

是羅氏治學實有跨越諸儒直探六經之意。其書中治經，皆能本此意態，故每有創見。如卷一成書得書難一條有云：

漢武至前晉幾五百餘年間，歆、向父子披羣書甚精，不應孔書皆不傳，直逮晉始得之，故或者亦疑梅賾之僞。

此雖非有精密之考據，然敢疑僞孔，其言當尚在吴草廬之前。

又卷三左傳非丘明條云：

左氏端為戰國時人。當戰國時，齊有鄒衍著書，推五德之運，以符應為驗。昭九年、哀九年云云，皆與鄒子同意。三家分晉後，十二次之説行，昭十一年、襄二十八年云云，皆與之合。又如鄭人對晉曰「嘗酎」，宫之奇曰「虞不臘」，及秦不更女父、秦庶長鮑，皆出春秋後。

此皆清儒辨左氏非丘明之證，而本書亦已早發之。

又卷五秦後六經條有云：

漢儒林傳敍諸經，各有傳授，周禮獨無之。孔子於禮多從周，使周公禮書如此周詳，當不切切於杞、宋求夏、商遺禮，與夫逆為繼周損益之辭。又左傳、論語皆晚周書，胡俱無一語援周禮。

此疑周禮，引司馬溫公、胡致堂、胡五峯、蘇潁濱、晁說之、洪容齋諸家，實宋儒除李泰伯、王荊公以外之共同意見也。

又卷五泮水辟廱條有云：

泮水一詩，釋者例以學校明之，其說實肇於漢儒王制。文王有聲言「鎬京辟廱」，詩中述文王築城作豐事，亦於學無預。又上章曰「皇王維辟」，辟為君無疑。釋者例以辟廱為學，皆誤於漢儒王制也。

朱子亦以辟廱說學校，羅氏極尊朱子，而其說辟廱別出新解，亦證其能不拘拘守一先生之言。

又卷五漢儒言禮條，言：

漢儒言禮，多不近人情。若夫養老，詩述成王養老乞言之禮，曰「肆筵授几，酒醴惟醹」。又不然，厚其祿賜，如孟子，欲有謀焉則就之，足矣。今記曰：「躬親侍膳，袒而割牲，執醬而饋，執爵而酳，着冕持干而立。」此直委巷之談，宜乎後世行之惟艱也。

此條四庫館臣譏之爲無稽。實則確有見地。羅氏之敢於疑經，宜非尋常拘儒所及矣。

卷八經解條有曰：

六經之道，至夫子而集大成。夫子之道，至晦翁而集大成。諸家經解，前後不一，自斷定於晦翁，然後一出於正。後學儻非經指授，則氾濫諸家，其誰適從。

是羅氏膽敢疑經，而終奉朱子爲依歸，諸家異説據以斷定。所以雖於經義多所駁難辨正，要自與氾濫横決者不同。

又卷六有闕疑條，謂：

宋儒釋經，高出前古者，以不襲漢晉以來訓詁舊腳迹，及溺於讖緯巫怪之説。考其同異，正其訛謬，析之以理。然亦有過處。寥寥千古，焚於秦，雜於漢，所謂六經皆未全之書是也。而必證三代之是，則幾於鑿。獨朱文公嘗著闕疑之説。朱文公於易有疑，亦謂：「上無關於義理之本原，下無資於人事之訓戒，何必苦心極力以求之。」斯言足警談玄索怪者矣。

羅氏尚考訂而知闕疑，此又其傑出處也。又同卷有讀書致用條，謂：

學貴知要，不在貪多。用貴適時，不專泥古。然後為善讀書。若近時理學諸賢，於心性切切究論，又未免有芻狗事為之弊。儻不經世，與記誦詞章均為無補。故書益多，效益寡。

此條主讀書貴適時致用，不泥古，不沉溺固滯於同時理學心性之談，亦見其爲非追逐時尚之類。又同卷有迂闊條，謂：

儒本六經言，往往張皇於安平之日。及事至而為之圖，必推迹禍原亂本之所在，察其端萌而圖之，而舍經行權，又所不屑。故見儒之迂闊，乃遠大之謀謨，深長之思慮也。余謂時君世主，倉卒名知務者，閒暇多迂闊。儒者倉卒似迂闊，而閒暇則知務也。

此條持論尤具深識。會讀上引三條，約略可知羅氏治學之大要。其他尚可與此三條之旨相發者。如卷四有識其大者條，謂：

昔人論治必首三代，論人必希聖賢，論文必本六經，非過於矯亢也。

又卷一有孔門多才條，謂：

胡氏謂伊洛發明，然後人知孔孟可學而至。視漢晉以來儒者有間矣。至紫陽，集諸家之大成。其精本之義理，其粗究之經濟，嘗書儲才之說。物有不求，未有無物之歲。人有不用，未有無才之時。特患教無孔子，而取之之説又不大公爾。

此條見羅氏雖不切切究論心性，而於理學大宗旨所在實未忽視。凡本書論學，大致如上引。尚義理則重六經，尚經濟則重羣史。故本書多引經述史之言，可謂知以經學、史學並重者。

又卷二有三大處置條，謂：

漢初病於諸侯強大，主父偃建分王諸侯子弟之説，諸侯遂弱。唐衰，病於藩鎮跋扈，趙普建收其精兵制其錢穀之計，藩鎮遂消。宋南渡息兵，張、韓、劉、岳，擁兵方面不釋，秦檜各除樞密使召之，由是兵權去手。偃之説，賈誼發之。普之説，烏重胤發之。檜之策，范同言之。但偃、普忠謀，檜則姦謀也。

此條可證本書論史，實能於經濟、義理兼顧並重也。

卷一史筆條有云：

> 敍列人物，傳褒之者贊貶之。贊稱美者傳無載。蓋人非堯舜，安能盡美。作史之道當爾，勸懲之意因寓焉。蘇老泉曰：馬遷廉頗傳，不載其議閼與之失，而見於趙奢傳。酈食其傳不載其謀撓楚權之繆，而載之留侯傳。周勃傳不載其汗出沾背之恥，而載之王陵傳。董仲舒傳不載其和親之疏，而載之匈奴傳。四臣若功十而過一，不欲因一以疵十，乃與善之意也。論蘇秦曰「其智過人」，論北宮伯子「愛人長者」，班固贊張湯曰「推賢揚善」。諸人者，過十而功一，併其一廢之，是塞人自新之路，而堅其肆惡之心。懲惡不已甚乎。後之讀者，寧復識哉。

此條亦見本書論史，時時不忘義理之證。而其言實發前人所未道。

其他如卷八辨軒轅非黃帝條，卷一辨孔子不師老聃條，卷六辨蜡臘異祭條，其他又如卷二寅正非夏正、改朔條，凡以史事證經義者極多，益知羅氏之學實承理學來。惟不喜談心性，專治經史，故於理學中乃獨尊朱子，不及北宋周、張、二程四家。竊謂其學應與王伯厚困學紀聞相似。惟不如王氏之博大。又王氏入元久，其著書深寓亡國遺民之痛，羅氏則似入元未久卽卒，又或其年壽不長，其書當大部成於宋代未亡前危殆之際，故不能如王氏之宏通而深沉也。惜其名字湮沉，事蹟無考，姑爲鈎稽其書之要略如上。

（一九七六年七月幼獅月刊四十四卷一期）

吴草廬學述

朱子後闡揚朱學，於學術史上有貢獻者，宋末必舉黄震東發，明代必舉羅允升整菴，清初必舉陸世儀桴亭。此三人雖所詣各不同，要爲能得朱子學之大體及精旨所在。然元代有吴澄草廬，當時有「北許南吴」之稱。許衡先仕於元，提倡朱學，亦不爲無功。然論學問著述，惟草廬堪稱巨擘。是亦不可以無述。

宋元學案有草廬學案，黄梓材謂是卷多仍黄氏之舊。余嘗徧繙草廬全集一百卷，其中要義，黄氏采摭殆盡。前儒讀書謹密，即此可見。本文自抒觀點，稱引多出黄氏外，然不害黄氏此一案選擇之精審，讀者其兼觀焉可也。

草廬生宋理宗淳祐九年己酉，（西元一二四九）距朱子卒四十九年，下距南宋亡三十年。東發卒於宋亡後一年。劉因靜修、程文海鉅夫，皆與草廬同年生。靜修風節峻邈，似非草廬所及。然鉅夫始强起草廬於元廷，草廬即以母老辭歸。後雖屢經屈仕，草廬意終不屬。其與魯齋出處終是異趨。據虞集道園學古錄草廬行狀：「草廬十歲，得朱子大學等書讀之，怳然知爲學之要。必日誦大學二十過，如是者三年。次第讀論語、孟子、中庸，專勤亦如之。」是草廬幼年爲學，乃從朱子四書入門。年十九，有與人書曰：

天生豪傑之士不數也。戰國之時，孔子徒黨盡矣，楊墨之徒又滔滔，而孟子生乎其時，獨願學孔子，而卒得其傳。當斯時也，曠古一人而已，眞豪傑之士也。孟子沒千有餘年，溺於俗儒之陋習，淫於老佛之異教，至於周、程、張、邵一時迭出，非豪傑其孰能與於斯乎！又百年而朱子集數子之大成，則中興之豪傑也。以紹朱子之統自任者，果有其人乎？

又著說曰：

道之大原出於天，聖神繼之。堯舜而上，道之元也。堯舜而下，其亨也。洙、泗、魯、鄒，其利也。濂、洛、關、閩，其貞也。分而言之，上古則羲皇其元，堯舜其亨乎。禹湯其利，文武周公其貞乎。中古之統，仲尼其元，顏、曾其亨，子思其利，孟子其貞乎。近古之統，周子其元也，程、張其亨也，朱子其利也，孰為今日之貞乎？

道園曰：「是時先生方弱冠，而有志自任如此。」此後歲星一周，宋室遽亡。天翻地轉，社會情勢已大變。余讀草廬集，頗多應酬文字。孔子曰：「我非斯人之徒與而誰與。」朱子生平，在朝日少，在野日多，然凡所交接，或公或私，朋徒門人，切琢討論，則莫非以道義學術爲主。故其文集一百二十卷，卽應酬，卽著述。而朱子學之宏博精深，及其與年俱進之概，胥可於是覩之。草廬自易代後，卽息影田園，凡所交接，見於文集者，約略分別，一則曰詩人。蓋元初未有科舉，南人更所歧視，一時讀書人，相率寄情吟咏，以詩歌爲逋逃藪，亦爲不失風雅。次則爲醫生。挾岐黄術餬口。不爲良相，爲良醫，亦以救世。又次則琴士、畫師，乃至方外道士、相士、卜者之流。更次則風水相地，此風乃特盛於江西。草廬縱以上承朱子學統自任，然時代已非，前擬之東發，後擬之整菴，背景皆遠不如。陸桴亭在清初，其時江南理學風氣亦尚盛，處境亦非草廬所能企及。學術興衰，關於時運。知人論世，此當於草廬致慨歎也。

草廬之生，理學未絕，而講學之風則已衰。故東發以下如王伯厚、胡身之，皆從事博讀，未聞講學。卽謝枋得、文天祥，亦未參講席。草廬早年亦多致力於記誦，不見師友之會講。嘗爲尊德性道問學記有曰：

止於訓詁之精，講說之密，如北溪之陳，雙峯之饒，與彼記誦詞章之僞學相去何能以寸。聖學大明於宋代，而踵其後者如此，可歎已。澄也，鑽研於文義，毫分縷析，每猶以陳為未精，饒為未密也。墮此窠臼之中，垂四十年而始覺其非。

草廬雖遵朱學，而菲薄陳、饒，可覘其爲學之一面。其語要又曰：

通天地人曰儒，一物不知，一事不能，恥也。洞觀時變，不可無經。廣求名理，不可無諸子。游戲詞林，不可無諸集。旁通多識，不可無紀錄。而其要在聖人之經。聖人之經，非如史、子、文集、雜記、雜錄之供涉獵而已。必飲而醉其醇，食而飽其胾，斯可矣。

此可窺草廬爲學之又一面。草廬雖能擺脱朱學末流文義纏繞之窠臼，然其於四部書，則歸重在經。其於文、史，則游戲詞林，旁通多識。似乎未得朱子論學本末內外體用兼賅之精義。不論黄氏日鈔於文、史兩業之致力，卽伯厚、身之，其史學成就，皆在宋亡之前。至於文章詩詞，經歷胡元之淫威，其能寄亡國之痛、抒麥苗之思者，蓋亦尠有。草廬年方而立，卽遭易世，故其爲學，門牆雖立，宫室未美，而遽爲時代所摧折。其未能接跡前修，亦可憫不可責也。

據行狀：宋末，草廬奉親避地，弗寧厥居，得樂安鄉貢進士鄭松之招，隱居布水谷。乃注釋孝經章句，校定易、詩、書、春秋，修正儀禮及大、小戴記。至元世祖至元二十年，始自布水谷還居草廬。此數年中所潛心致力者，直迄於老，終成五經纂言。爲草廬一生治學之大業績。黄百家主一評之曰：

朱子門人多習成說，深通經術者甚少。草廬五經纂言，有功經術，接武建陽，非北漢諸人可及。

竊意主一此評，實未深允。蓋由未能深窺朱子論學淵旨。朱子於五經，自爲易本義與詩集傳，而自譬爲鷄肋。於春秋，既言：「大旨可見，無難曉。」又云：「難看，無理會處。」朱子從不勸人讀易、春秋。於書則云：「多不可解。」於禮，晚年作儀禮經傳通解，自爲發凡起例，乃羣弟子衆力纂輯。並亦未臻成書而卒。草廬論之曰：

經傳通解，乃其編類草藁，將俟喪、祭禮畢而筆削焉。無祿弗逮，遂為萬世缺典，每伏讀而為之惋惜。

又曰：

五經之中，其未為諸儒所亂者，惟二禮經。然三百三千，不存蓋十之八九矣。朱子補其遺缺，則編類之初，不得不以儀禮為綱而各疏其下。脫藁之後，必將有所科別，決不但如今藁本而已。若執藁本為定，而以後記、補傳分隸於其左，與彖、象傳之附易經者，有以異乎？與左氏傳之附春秋經者，有以異乎？易、詩、書、春秋之四經既幸而正，而儀禮一經，又不幸而亂，是豈朱子之所以相遺經者哉。

此評實自有見。惟朱子治禮，不貴泥古，求通今，謂卽且從俗，亦無甚害。故曰：「今所集禮書，也只是略存古之制度，使後人自去減殺，求其可行者而已。」則朱子之集禮書，其意決不如草廬所謂之「相遺經」。其間區別，判然甚顯。

抑且朱子功力之流注於五經者，每以考據爲多。而發揮義理，則重在四書。朱子撰述，惟四書集注章句最所用力。而論語集注更爲畢生精力所萃。大學章句，則爲其晚年愜意之作。朱子既以語、孟、學、庸四書上儕五經，而教人治學，則必先四書。惟四書之學，貴能躬修實踐。當時朱子門人，研玩四書，每有所疑，屢有問辨，朱子亦於其所爲集注章句，屢有修正。見於語類，班班可考。故當時一門師弟子講學中心，實偏重在四書。及朱子身後，門弟子遵承師旨，除蔡沈稟遺命爲書傳外，蓋皆於五經致力爲少。然求能於朱子四書集注章句更有補充闡揚，事非易爲。草廬以「鑽研文義，毫分縷析」一不滿於朱門，此亦宜然。而黃百家乃以朱子門人「多習成說，深通經術者少」爲病。此自後人之見，不得以草廬之孜孜窮經，卽謂是接武建陽也。

南宋末季，往日諸先輩喫緊爲人，注意躬修實踐，每拈四書語句爲羣居討論講學之風，既已漸趨衰歇。若專就文義鑽研，則面目依然，而精神已非。亦於朱子教人治四書之精神，甚難有釋回增美之處。姑舉一例說之。如論語集注於「與點」一章，屢經改易，而終未達於圓滿無憾之境。惟黃氏日鈔說此，謂：

夫子以行道救世為心，而時不我與，方與二三子相講明於寂寞之濱。而忽聞曾點浴沂之言，若有獨契於浮海居夷之志，飲水曲肱之樂，故不覺喟然而歎。蓋其意之所感者深矣。

此一條，闡說孔子當年心事，最爲精愜，爲朱子集注所未及。草廬亦曾闡此章，其宋沂字說篇有曰：

予觀四子言志，而聖人獨與曾點，何哉？三子皆言他日之所能為，而曾點但言今日之所得為。期所期於後，不若安所安於今也。夫此道之體，充滿無毫毛之缺。此道之用，流逝無須臾之停。苟有見乎是，則出王游衍皆天也。素其位而行，無所願乎外。夫子之樂，在飯疏飲水之中。顏子之樂，雖簞瓢陋巷而不改也。邵子曰：「在朝廷行朝廷事，在林下行林下事」，其知曾點之樂者與。凡人皆當志於聖，遜第一等而為第二等，比於自暴自棄。

此所闡說，非無理據，然於論語本章「喟然歎曰」四字之神情，終欠拍合。故必以東發所言爲得本章之正解。東發早生於草廬近四十年。金之亡，東發已生二十二年。在東發之世，固已國運日頹，時事日非。然東發治學，要爲有一番行道救世之心。時不我與，故於此章夫子喟然之一歎，能有深感。草廬說此章，究在何年，雖不可考，要是在宋社既屋之後，方絕意仕進，故曰「期所期於後，不若安所安於今」，乃深賞康節「在林下行林下事」之語。論其出處，固不失爲一賢者。然於孔子當年一番行道救世之心情，則不免已沖淡，而專尋孔子之樂於飯疏飲水中。後之學者，知人論世，固不當於草廬致深責。惟草廬言凡人當志於聖，遜第一等而爲第二等，比於自暴自棄。若果認「在林下行林下事」卽爲第一等之聖學，則決非明道論學之士所許也。

朱子表彰四書，奉孔孟以爲明道救世之本，淵源所自，乃北宋之周、張、二程。朱子論學，重傳統，亦重進步。其闡易義，似不如其闡濂溪太極圖說與橫渠正蒙之用力。其於尚書、春秋，則勸學者不如循之以治史。其修禮書，則特略存古禮以備後起之參考。惟四書最爲切實而可依，曉暢而可尋。其次爲史學，爲文學，皆有志從事於明道救世之業者所不可忽。草廬以十齡幼童，卽知尊朱子，日誦四書，以漸進於明道救世之抱負。在其二十七歲時，嘗作草屋數椽而題其牖曰：「抱膝梁父吟，浩歌出師表。」程鉅夫知其意，遂題其居曰草廬。是草廬在當時，已知宋室將亡，而尚自有用世之想也。不意越四年而宋遽亡，草廬適年三十一，山崩海竭，形勢全非。草廬以幼慧敏勤之姿，其於所學，縱是涵養未深，而感受已厚。一旦遭此打擊，往日梁父吟、出師表之意興，至是殆不復存在。斯其所影響於草廬之內心深處者又當何如。乃今讀其文集，亡國之痛，生民塗炭之苦，陸沉之悲，字裏行間，似乎亦渺不可得。其所以爲含茹消化之經過，固非異世之所能想像。而草廬此下之學術轉變，則仍可蹤跡而求。

其爲靜淵說，已當草廬八十之晚年。乃曰：

魯國顏子，汝南周子，河南程子，予在幼弱，志在晞三子。

此與其解釋論語「與點」一歎，豈不見草廬在元代時之心情，固已昭然若揭乎！考行狀：草廬十五歲，見朱子訓子帖，有「勤謹」二字，如得面命而服行之，作勤、謹二銘。又作敬銘，又作和銘，極言周子、程伯子氣象以自勉。常自言曰：「讀和銘，心神怡曠，萬境皆融，有弄月吟風情，有傍花隨柳想，熙熙乎其似春，而不知手之舞足之蹈。」是草廬早年，於濂溪、明道之爲學與爲人，殆是性氣所近，而別有一番體悟。及遭世變，乃於此更深尋也。

又曾爲敬義齋說，曰：

予之愚騃，自少妄有志於程子之學。

又爲敬堂說，曰：

嘗有志於程學。

道園行狀又曰：

元貞元年八月游豫章，元明善見，先生使讀程氏遺書、近思錄，明善反復玩味，他日見先生，曰：「先生之學，程子之學也，願為弟子受業終其身。」

是年，草廬年四十七，元興已十六年。草廬當時固是標程學以教人，學者亦以程學名之。又爲姜河道原字說，有曰：

近世程子，受學於周子。太極一圖，道之大原也。程子之所手受，而終身秘藏，一語曾莫之及。寧非有深慮乎？朱子演繹推明之後，此圖家傳人誦。宋末之儒，高談性命者比比，誰是眞知實行之人。蓋有不勝之弊者矣。

卽此可見草廬以身歷巨變，懲創之深。回念前塵，感愴無限。宋末諸儒，尚多高談性命，而少眞知實行。朱子之演繹推明，有轉不如程子之秘藏不語者。故在程則謂之「有深慮」，在朱則謂其「有不勝之弊」。其言之洵有當於事實與否可不論，而其內心之鬱痛，意態之劇變，則正可於此推之。故道園行述又曰：「先生方弱冠，有志自任以朱學之統，而其後嘗識此兩文之後，曰：『其見多未定之見，其言多有病之言，然不忍棄去，錄而藏之』，則晚年所進自此可考」云云。兩文已見上引。後之學者不深考，每目草廬爲朱學。不知深究有宋一代之理學者，必知程、朱之間亦有相異，不當混併而一言之也。

抑草廬之學，實別有一淵源，則爲邵康節。此當稍加揭發。其爲約齋記有曰：

康節邵子偉然為百代人豪。予每尚友其人，尊之之至，慕之之深，而不能自已。

又爲明經書院記有曰：

必共城邵子，必舂陵周子，必關西張子，必河南二程子，而後為眞儒之明經。嗣邵、周、張、程者，新安朱子也。

此以朱子上承邵、周、張、程五人之後，語氣間，於朱子不見有特殊之推崇，而躋康節於濂溪之上。

言年輩，固是康節早生七年；然據慣例，則草廬此處之盛尊康節，可謂迥不尋常。故揭奚斯爲草廬作神道碑，謂「深造極詣，猶莫尚於邵子」。而道園行狀則謂草廬以邵子爲「孔子以來一人而已」。蓋其於邵子之學，深有所會悟也。此皆草廬同時人於草廬有深知，故能云此。而危素爲草廬年譜，記草廬在十九歲即作皇極經世續書。是證草廬幼年爲學之别一淵源。上引其弱冠前與人書，毅然欲以紹朱子統自任，而又曰：

澄之齠齔，惟大父家庭之訓是聞。及知聖賢之學，而又欲推之以堯舜其君民而後已。實用其力於斯，豁然似有所見，坦然知其易行，而力小任重，固未敢自以為是。

豈料纔十稔之轉變，而所謂「坦然知其易行」者，固已大謬而不然。草廬大父鐸，危素年譜稱其「精通天文星曆之學，寬厚不屑細務」。疑鐸之爲學，必有得於康節，故草廬早歲，即留心皇極經世之書。此後大局已變，草廬於康節之學乃更所究心。故道園行述，又稱草廬「尤有得於邵子之學」也。又稱：大德元年，草廬辭元廷之召，有書致廷臣曰：

夫子勸漆雕開仕，對以「吾斯之未能信」，而夫子說之者深。澄敢不以古賢人之所以自處者自勉。繼以邵子之詩，曰：「幸逢堯舜為眞主，且放巢由作外臣。」澄雖不敏，願自附於前修。

則草廬當時之深有意乎康節，固別自有其身世之隱痛，亦居然可見矣。是年，草廬經敦迫，終未一至京師。

又據行狀，大德九年，校定邵子之書，十年十月出仕。十一年正月朔，卽以疾辭去。留清都觀，與門人論及老子、莊子、太玄等書之本旨，因正其訛僞而著其說。草廬於老、莊皆有深詣。此皆從康節轉來。亦自於其身世有不可暢言之隱痛，而姑寄焉以爲說也。曾爲虛舟說有曰：

莊老以無心待物，聖人以公心應物。其心公，雖曰有心，亦若無心。

此欲以孔孟會莊老，以公心轉無心。當知在草廬心中，實蘊有一番深苦，曲折以達於自安。草廬之於當世，亦有心，亦無心。由於身世隱痛，而逼出此一番義理。後人不能設身處地，徒認爲是一種名理深談，則何足以當知人論學之任乎！同時劉靜修爲退齋記，謂「世有挾老子之術以往者」。全謝山爲書後，考其所指卽許魯齋。然魯齋立言固在程朱，不及莊老。草廬之出仕，其行跡近於許，遠於劉，而草廬不自諱匿其深治莊老；此亦其爲人爲學之俊偉光明處也。

其爲太玄章句則曰：

太玄之書，其文艱深，讀之者少。然邵子於其數，實有取焉。

則其治太玄，亦自康節轉來。然草廬之所抱以終身者，則終自與莊、老、子雲三人爲不同。尚論之士，於此當明辨也。

朱子爲六先生畫像贊，於周、張、二程外，復增康節與司馬溫公，此見朱子論學塗轍之廣大。其爲伊洛淵源錄無康節，此因康節與二程學術究不同。而朱子又深不以二程之不向康節問求數學爲然。朱子爲易本義，又續爲易啟蒙，更深取於康節，而尤尊信康節之先天圖，所謂：「邵傳犧畫，程演周經，象數、義理，分疏兼包。」東發推尊朱子，乃於朱子之易學獨所不契，分別伊川、康節，而主以伊川爲歸。草廬治易，則承朱子意而更爲發揮，故曰：

> 世儒誦習，知有周易而已。羲皇之圖，鮮獲傳授，而淪沒於方技家。雖其說具見於夫子之繫辭、說卦，而讀者莫之察也。至宋邵子，始得而發揮之，於是人乃知有羲皇之易，而學易者不斷自文王、周公始。

然草廬於康節，終是別有會心。其治易，雖亦本諸朱子，而要自與朱子用心又不同。此貴乎深心好學之士之微辨而默會也。

危素年譜則曰：

公潛心邵子之書，每病夫昧者流為術數之末，遂以先天六十四卦分配一元之數，推治亂相禪之由，而為皇極經世續書，兵火後散軼不存。

今其書既不傳，自亦無可深論。然既在推治亂相禪，則與其欲以紹朱子學統自任之意亦可相通。逮其校定邵子書，危素年譜有曰：

公嘗謂邵子著書，一本於易，直可上接羲、文、周、孔之傳，非術數之比。其能前知，在人不在書，在心不在數。

此則推尊康節益爲深至。欲以爲孔子後一人，自不宜以術數範圍也。草廬之潛心易學，自亦與其尊崇康節有關。草廬嘗自言：「吾於易、書用功至久。」又曰：「吾於書，有功於世爲猶小；吾於易，有功於世爲最大。」道園行狀謂：草廬於易，學之五十餘年，成易纂言、外翼，在其八十一之年。則其潛心易學，正在宋、元易代，避地隱居之中，亦居可知。行狀稱其在元貞元年游豫章，郝文明迎入城，請學易，是時草廬固自以治易名世矣。而草廬治易，尚自有其微意可說者。草廬語要有曰：

> 時之為時，莫備於易。程子謂之隨時變易以從道。夫子傳六十四象，獨於十二卦發其凡，而贊其時與時義時用之大。一卦一時，則六十四時不同也。一爻一時，則三百八十四時不同也。始於乾之乾，終於未濟之未濟，則四千九十六時各有所值，引而伸，觸類而長，時之百千萬變無窮，而吾之所以時其時者，則一而已。

此一條語，最見草廬治易要旨，與其入元以後五十年來爲學之苦心密詣。草廬之時，則既非文、周、孔、孟之時，亦非濂溪、横渠、明道、伊川之時，復亦非朱子之時，並亦非其弱冠前以朱子之統自任，與其「抱膝梁父吟，浩歌出師表」之時。而草廬之所以時其時者，在彼自謂，固無異於文、周、孔、孟、周、張、程、朱之所爲。此草廬所以自入元以來，獨於易之一書爲致力勤而用心切。故其語要又謂「洞觀時變，不可無經」，其意乃尤重於指易而言之。故知草廬之治五經，乃是於易之一經連帶引伸而來。此雖未有確證，要可微窺而知者。

草廬之爲五經纂言，實其畢生精力所萃，至於晚年卒歲而始有成書。行狀有云：

> 其於易學，大旨宗乎周、邵，而義理則本諸程傳。其校定用東萊呂氏之本，而修正其缺衍謬誤。其纂言則纂古今人之言，大概因朱子象占之說，而益廣其精微。

是草廬治易，實亦匯通兩宋理學，與後來清儒治經用意判然有別。草廬復作外翼，乃以詳纂言之義例。

其於書，定以伏生所傳自爲一卷，不以所謂古文者雜之。則因吳才老、朱子所疑。確然以古文爲僞，實以草廬爲首。後人稱其見之卓。集中並有駁正蔡沈集傳之文。金仁山亦謂：「蔡傳成於文公既沒之後，門人語錄未萃以前，或不無遺漏放失之憾。」而草廬則指出蔡傳之明背朱子處。是亦其書學之貢獻也。

其於詩，則以爲朱子傳其七八，其有餘論，則門人傳其言，未及集錄，故無纂言之作。

其於春秋，則取近代儒者特見之明，以破往昔諸家傳註穿鑿之陋。其序說有曰：

> 漢儒專門，守殘護缺，不合不公。唐趙氏所定三傳異同，子奪未能悉當。今則如朱氏意，專以左氏為主。儻義有不然，則從其是。

其於禮，序說有曰：

> 儀禮十七篇，並如鄭氏本，更不間以他篇。朱子所輯，及黃氏喪禮、楊氏祭禮，參伍以去其重複，名曰朱氏記，而與二戴為三。苟非其人，禮不虛行，下學而上達，多學而一貫，以得夫

堯、舜、禹、湯、文、武、周、孔之心，俾吾朱子之學，末流不至為漢儒，學者事也。

綜觀上引，草廬經學，明承兩宋理學，與此下清儒治經有辨。而其五經纂言之規模與綱宗，實一本朱子。其畢生爲學，依然是朱子精神，亦可於是覘之。其所以退四書而進五經，若與朱子所論軒輊倒轉，則所處時代相異，而爲學之心情有不同耳。

行狀又曰：

武宗至大元年，除從仕郎國子監丞，朝命行省敦遣。二年六月到官。先是世祖時，許文正公自中書出為祭酒，始以所得朱子小學躬尊信之以訓授弟子，繼之者多其門人，猶能守其法。久之，寖失其舊。先生既至，深閔乎學者之日就荒唐而徒從事於利誘也，思有以作新之。於是六館諸生知所趨向。四年，武皇賓天，仁宗卽位，尚書省罷。蓋先生嘗為學者言：「朱子道問學工夫多，陸子靜卻以尊德性為主。問學不本於德性，則其弊偏於言語訓釋之末，果如陸子靜所言矣。今學者當以尊德性為本，庶幾得之。」議者遂以先生為陸學，非許氏尊信朱子之義。然為之辭耳，初亦莫知朱、陸之為何如也。

又曰：

嗚呼！孟子歿千五百年，而周子出，河南兩程子得其傳。時則有若張子，精思以致其道。其迫出千古，則又有邵子焉。奈何世運衰微，民生寡佑，而亂亡隨之。斯道之南，又得朱子。百有餘年間師弟子之言，折衷無復遺憾。求之書，蓋所謂集大成者。時則有若陸子静氏超然有得於孟子「先立乎其大者」之旨，其於斯文，互有發明，學者於焉可以見其全體大用之盛。而二家門人區區異同相勝之淺見，蓋無足論。朱子以來又將百年，為其學者，毫分縷析，日以增盛，曾不足少救僞學利欲之禍，而宋遂亡矣。先生之生，炎運垂息，自其髫齔，特異常人。盛年英邁，自任以天下斯文之重，蓋不可禦也。摧折窮山，壯志莫遂。艱難避地，垂十數年。歷觀近代進學之勇，其孰能過之。南北未一，許文正公先得朱子之書於邊境，伏讀而深信之，持其説以事世祖皇帝，儒者之道不廢，許公實啟之。先生自布衣用大臣薦，出處久速，道義以之。稽其立朝之日，未嘗有三年淹。施教成均，師道尊重。勸講內廷，誠意深遠。與大議，論大事，雖可概見，而無悠久浹洽之功者，非人之所能為也。

道園此文，敍述兩宋道學統緒，與夫草廬畢生志學之經過，以及其出處大概，辭不暢竭，語多涵蓄。要之可謂得草廬之心志，亦略見當時一輩儒生同所內蘊之幽情。而其中涉及朱、陸異同一節，後世論學者，乃以草廬爲調和朱、陸，或竟以爲陸學，則殆所謂皮相之見也。

草廬仙城本心樓記有曰：

人之生也，以天地之氣凝聚而有形。以天地之理付畀而有心。心也者，形之主宰，性之郛廓也。自堯、湯、文、武、周公傳之以至於孔子，其道同。道之為道具於心，豈有外心而求道者哉。而孔子教人，未嘗直言心體。「操舍存亡，惟心之謂」，孔子之言也，而其言不見於論語，而得於孟子之傳。孟子傳孔子之道，而患學者之失其本心也，於是始明指本心以教人。其言曰：「仁人心也。放其心而不知求，哀哉。」又曰：「學問之道無他，求其放心而已矣。」又曰：「耳目之官不思而蔽於物，心之官則思，先立乎其大者，則其小者不能奪也。」此陸子之學所從出也。孟子言心而謂之本心者，以為萬理之所根，猶草木之有本，而苗莖枝葉皆由是以生也。今人談陸子之學，往往曰以本心為學，而問其所以，則莫能知陸子之所以為學者何如；是本心二字，徒習聞其名，而未究竟其實也。以心而學，非特陸子為然，堯、舜、禹、湯、文、武、周、孔、顏、曾、思、孟以逮周、程、張、邵諸子，莫不皆然。故獨指陸子之學為本心學者，非知聖人之道者也。應接酬酢千變萬化，無一而非本心之發見。於此而見天理之當然，是之謂不失其本心，非專離去事物，寂然不動，以固守其心而已也。

此文以堯、舜、孔、孟、周、程、張、邵相傳，皆爲心學，不得獨指陸子爲心學；則治象山學者，即不得自逃自異於自古之道統與學統矣。舉北宋諸儒必及康節，此證草廬之獨有會心。舉歷古道統學統，而不數朱子，然本文首尾，皆朱子所已言而常言；故知乃以泯門戶，矯時弊，非以辨是非，寓褒貶。其意可微窺而知也。

草廬又言曰：

學孰為要，孰為至，心是已。孟子始直指而言先立乎其大者。邵子曰：「心為太極。」周子曰：「純心要矣。」張子曰：「心清時視明聽聰，四肢不待羈束而自然恭敬。」程子曰：「聖賢千言萬語，只是欲人將已放之心約之使入身來。」此皆得孟子之正傳者也。

此皆主儒學、理學即心學，不待別分門戶。則草廬自居爲北宋之理學，非自居爲陸學明甚。

又曰：

夫子生知安行之聖，未嘗不思。思而弗得弗措者，子思所以繼聖統也。子思傳之孟子，以心官之能思而先立乎其大，實發前聖不傳之秘。至汝南周氏，直指思為聖功之本，有以上接孟氏之傳。而關西之張，河南之程，其學不約而同，可見其眞得孔聖傳心之印。

此處特指「思」字爲傳心之印。厥後羅整菴專以此意斥象山，然亦朱子先言之。

草廬又曰：

> 朱、陸二師之為教，一也。而二家庸劣之門人，各立標榜，互相詆訾，至於今，學者猶惑。嗚呼甚矣，道之無傳，而人之易惑難曉也。為人子孫者，思自立而已矣。族姓之或微或著，雖微而浸著，雖著而浸微，盛衰興衰，亦何常之有。惟自立之為貴。

當元之世，斯人斯道，正微而殆至於滅矣。草廬之言，亦在教人自立，而何朱、陸門戶之足競乎？

道園送李彥方詩序有曰：

> 許文正公表章程朱之學，天下人心風俗之所係，不可誣也。近日晚學小子，不肯細心讀書窮理，妄引陸子靜之說以自欺自棄。至若移易論語章句，直斥程朱之說為非，此亦非有見於陸氏者也，特以文其猖狂不學以欺人而已。

草廬又曰：

今不就身上實學，卻就文字上鑽刺，言某人言性如何，某人言性如何，非善學者也。孔孟教人之法不如是。如欲去燕京者，觀其行程節次，卽日雇船買馬起程，兩月之間可到，則其宮闕是如何，街道是如何，風沙如何，習俗如何，並皆了然，不待問人。今不求到燕京，卻但將曾到人所記錄，逐一去探究，參互比較，見他人所記錄者有不同，愈添惑亂。蓋不親到其地，而但憑人之言，則愈求而愈不得其眞矣。

世亂已深，浮議猶囂，談心說性，而不躬履實踐；明室之亡，顧亭林只以「博學於文，行己有恥」八字立教，而顏習齋所論尤慨切；還視草廬此條，可謂異世而同感矣。

草廬又曰：

讀四書有法，必究竟其理而有實悟，非徒誦習文句而已。必敦謹其行而有實踐，非徒出入口耳而已。朱子嘗謂：大學有二關。格物者，夢、覺之關。誠意者，人、獸之關。實悟為格，實踐為誠。物既格者，夢醒而為覺。否則雖當覺時，說夢也。意既誠者，轉獸而為人。否則雖列人羣，亦獸也。號為讀四書，而未離乎夢、未免乎獸者蓋不鮮，可不懼哉。物之格在研精，意之誠在愼獨，苟能是，始可為眞儒，可以範俗，可以垂世，百代之師也。

自許魯齋在元初提倡朱子，元廷重興科舉，一世方競務於讀朱子之四書，草廬乃即以朱子言施箴砭；其用心之苦，豈在爲朱、陸爭門戶。至大元年，草廬在國子監，有題四書後一篇，提出「四書罪人」之說。當時以俗學利欲之心讀四書，是不僅爲四書罪人，亦朱子之罪人。而草廬當時，乃每每避去朱子四書不談。故謂其論學仍爲述朱，已若不然。然謂其轉在祖陸，則尤更失之。能設身處地瞭解草廬之時代，乃始可與論草廬之學術也。

草廬又爲劉氏中庸簡明傳序有曰：

> 朱子著章句、或問，擇之精，語之詳矣。惟精之又精鄰於巧，詳之又詳流於多。其渾然者巧則裂。其粲然者多則惑。雖然，此其疵之小也，不害其為大醇。

朱子常以儒者說經多巧語爲戒，而草廬即以諍朱子。在朱子猶不免，後人法朱子而說四書，病乃益著。然而明道救世，終不能束書游談。草廬砭朱學末流之失，而卒亦不歸於陸學，於是乃萃其心力於治經。然其精語又曰：

> 若徒求之五經，而不反之吾心，是買櫝而棄珠也。不肖一生切切然惟恐墮此窠臼。

又曰：

聞見雖得於外，而所聞所見之理，則具於心。故外之物格，則內之知致，此儒者內外合一之學。固非如誦記之徒，博覽於外，而無得於內。亦非如釋氏之徒，專求於內，而無事於外也。今立眞知多知之目，而外聞見之知於德性之知，是欲矯記誦者務外之失，而不自知其流入於異端也。聖門一則曰多學，二則曰多識。鄙孤陋寡聞，而賢以多問寡，曷嘗不欲多知哉。記誦之徒，雖有聞有見，而實未嘗有知也。昔朱子於大學或問嘗言之矣，曰：「此以及身窮理為主，而必究其本末是非之極致，是以知愈博而心愈明。彼以徇外誇多為務，而不覈其表裏眞妄之實然，是以識愈多而心愈窒。」

「德性之知」與「聞見之知」，其辨始於程子。此則專拈朱子發明大學格物致知之義爲學的，可知草廬之學實確然仍爲朱子之學統。其少談文史，少談四書，專標「心學」二字而一意於五經，則在草廬自有苦心。知人論世之士，貴能於此細參。然要之論朱學傳統之正而大，則草廬亦自不如東發也。

與草廬同時名世者有劉靜修。兩人出處雖異，而論學要旨，時有相合。劉蕺山曰：「靜修頗近乎康節。」則草廬、靜修兩人，意態亦多相合。靜修敍學有曰：

先秦三代之學，六經、語、孟為大。世變既下，風俗日壞，學者與世俯仰，莫之致力。欲其材之全得乎？三代之學，大小之次第，先後之品節，雖有餘緒，竟亦莫知適從。惟當致力六經、語、孟耳。世人以語、孟為問學之始，而不知語、孟聖賢之成終者。所謂「博學而詳說之，將以反說約也」。聖賢以是為終，學者以是為始，未說聖賢之詳，遽說聖賢之約，不亦背馳乎？所謂「顏狀未離乎嬰孩，高談已及於性命」者也。雖然，句讀訓詁不可不通，惟當熟讀，不可強解。優游諷誦，涵泳胸中，雖不明了，以為先入之主可也。必欲明之，不鑿則惑耳。六經既畢，反而求之，自得之矣。

孔孟豈不爲萬世之師表，然而世變俗壞，顏狀未離嬰孩，高談已及性命，論、孟亦遂爲游談之資，而終無救於陸沈魚爛之禍。於無可奈何之際，靜修乃主語、孟「惟當熟讀，而不可強解」。此爲入門說也。惟有既畢六經，然後反而求之。此與草廬之論，實爲同一苦心。抑靜修亦自有四書集義精要二十八卷，此與草廬著述不及四書有不同。惟懲羹吹齏，要非正辦。捨孔孟而先治六經，恐其爲鑿與惑且益甚。明初，襲元轍，以四書大全取士。一時所重，四書亦仍過於五經，而朱、陸門戶，亦仍啟爭端。惟顧亭林深嘗亡國慘痛，乃唱「經學卽理學」之論。然其經學中亦卽包四書，惟制舉利祿，時文八股，乃不得爲經學耳。至其是朱非陸之見，則持之益堅；其所爲日知錄，讀書之博，乃幾乎能越東發而上儕朱子。然而此下清儒，乃羣務治經，陸王、程朱，並廢兼棄，而究於孔孟救世明道之心情，體悟、闡發皆疏。此乃宋、元、明、清四代全部學術思想史中一大起伏，一大問題。至今，仍待潛心探索以開此下之新趨。故筆而出之，固非僅於爲草廬一人之學術有所衡論也。

行狀又曰：仁宗延祐三年，草廬深入宜黄山中五峯僧舍，修易纂言。五年修書纂言。時年七十。至治二年，易纂言成書。時年七十四。三年，拜翰林學士，知制誥，同修國史。泰定帝泰定元年，草廬爲經筵講官主講經學。是年七月，草廬卽告退歸里，時年七十七。此後一意纂述不復出。文宗天曆元年，春秋纂言成。二年，易纂言、外翼成，時年八十一。寧宗至順四年，禮記纂言成，時年八十五。是年六月寢疾不起。是月，順帝卽位，卽元室之末一帝也。

道園既爲其行狀，又有祭文，略曰：

> 哀哀先生，早勇進道。方圓直平，步趨惟程。縷析條分，朱之治經。信其有為，自比諸葛。宋熄其炎，歛而退藏。玩心神明，天人妙契。時行物生，獨據其會。

於草廬之治學用心，可謂深有契會。後之讀者玩其辭，亦可以興異世之悲矣。然明遺民王船山之讀通鑑論則曰：

> 鬻詩、書、禮、樂於夷類之廷者，其國之妖也。其迹似，其理逆，其文詭，其説淫。相師以

嬉，不亡也奚待。虞集、危素，祇益蒙古之亡，而為儒者之取。姚樞、許衡，實先之矣。是雖不及於草廬，而草廬之不能逃其責亦顯矣。趙宏毅，字仁鄉，從草廬遊。元亡，歎曰：「但有一死報國。」與妻解氏皆自縊。則君子之出處，固不得謂其無影響於後世也。

（一九七一年十月故宮博物院圖書季刊二卷二期）

讀明初開國諸臣詩文集

本文作意，不在論詩文，而在藉詩文以論史。論史者多據正史紀、傳、志、表，旁及稗乘、野史、小說、筆記之類，所論以史事爲主。或據文章著作以論一時代人之思想及其議論意見。此文則在藉詩文以論其時代內蘊之心情。胡元入主，最爲中國史上驚心動魄一大變。元人用兵得國之殘暴，其立制行政之多所劇變，而中國全境淪於異族統治之下，亦爲前史所未遇。未及百年，亂者四起，明祖以平民崛起爲天子，爲漢高以下所僅有。讀史者豈不曰驅除胡虜，重光中華，其在當時，上下歡欣鼓舞之情當如何？而夷考其實，當時羣士大夫之心情，乃及一時從龍佐命諸名臣，其內心所蘊，乃有大不如後人讀史者之所想像。如欲加以抉發，國史野乘，旁見散出，未詳未備；必參考當時諸家之詩文集而後其情事乃大見。本文亦僅偶舉例證，然雖一鱗片爪，而大體可想矣。

一　讀宋學士集

清嘉慶十五年吳縣嚴榮彙刻明宋濂文憲公全集，序曰：

公文甚富，生前未有雕本，公沒百三十四年，而後有太原張氏之刻，又二十二年，而後有海陵徐氏之刻，又十五年，而後有高淳韓氏之刻。

其凡例又云：

文憲公集初刻於明正德九年太原張縉，為鑾坡前、後、續、別各十卷，芝園前、後、續各十卷，朝京稿五卷，凡八集七十五卷，共九百有六題。續刻於嘉靖十五年海陵徐嵩，為金、石、絲、竹、匏、土、革、木八編，凡八卷，共一百四十三題。彙刻於嘉靖三十年高淳韓叔陽，凡三十二卷，共九百二十四題。其為張、徐二本所已刻者七百十題，其未刻者二百十四題。今並張刻為三十四卷，徐刻仍為八卷，韓刻為補輯八卷，凡五十卷，一千二百六十題。

今景濂集之重印流傳者亦有三本。一爲商務印書館四部叢刊影印明正德本，卽嚴氏所稱張刻也。一爲商務叢書集成本，采自金華叢書。此集始刊於清康熙四十八年南陽彭始摶，又續刻於同治十三年永康胡鳳丹。其祖本卽嘉靖之韓刻本也。又一爲中華書局四部備要本，卽據嚴榮校刻足本，爲景濂集之最完備者。

明史藝文志：

宋濂潛溪文集三十卷，皆元時作。潛溪文粹十卷，劉基選。續文粹十卷，方孝孺、鄭濟同選。宋學士文集七十五卷，又詩集五卷。

今按：宋學士文集七十五卷，卽正德張刻本，是爲景濂入明以後之著作。潛溪集在元時作，均不收於正德本之內，嘉靖徐刻本收之未盡，韓刻本續有新收。今據嚴本凡例，徐刻有一百四十三題，韓刻又有二百十四題，共三百五十七題，皆采自潛溪集也。

又按四庫提要：宋學士全集三十六卷，又有宋景濂未刻集二卷。謂濂集重刻於嘉靖中，行世已久；此亦指韓刻言。雷禮刊宋學士全集序謂：

先生舊有朝京稿、凝道記、潛溪、翰苑、鑾坡、芝園集，龍門子、浦陽人物記，然各集出一時故舊以己見集者，今知浦江事韓叔陽萃為一編，共三十六卷，九百六十七篇，題曰宋學士全集。（見嚴本卷首韓刻原序）

書名卷數皆與提要相同，可證四庫所收卽是韓刻本也。惟嚴本稱韓刻僅三十二卷，不知何故。嚴氏凡例又謂龍門子、凝道記三卷，諸刻皆無之；或嘉靖韓刻原本有此三卷，則合爲三十五卷，而浦陽人物記二卷韓刻作評浦陽人物，作一卷，則適符三十六卷之數。姑識所疑於此。

四庫所收未刻集，乃康熙三年金壇蔣虎臣得文徵明家藏本於景濂裔孫旣庭，授金華陳國珍刻之，凡三十七篇。嚴本凡例謂：細檢其中二十七篇已見於徐刻，十篇已見於韓刻，則並無所謂未刻矣。惟提要謂未刻共三十八篇，校之韓刻，十一篇皆今本所已載，其餘二十七篇則實屬佚文，與嚴本凡例所言差一篇。惟四庫館臣實未見徐刻，故謂二十七篇實爲佚文矣。

嚴序又謂景濂文生前未有雕本，初刻於正德張氏，此亦誤。洪武十四年鄭楷作景濂行狀，謂：

先生所著文，有潛溪集四十卷，蘿山集五卷，龍門子三卷，浦陽人物記二卷，已傳於學者。

此皆景濂在元時作，早有刻本行世。正德本張序謂：

其集久且漸湮，雖有潛溪前、後集、文粹出於鄭氏所輯，及蜀本、衢本、外國本，皆略而未完。近時杭本八帙頗多，而為人率妄去取，猶未刻也。初公存日，手定八編，凡若干首，以細眼方格命子璲繕錄精整，首簡猶公手筆。其本予購得之。因按本翻錄入刻。

則正德張刻之八編，乃經潛溪手定，而其先未有刻本。今按：景濂生於元武宗至大三年庚戌，（西曆紀元一三一〇）至順帝至正十九年己亥（一三五九）始至建康，見明祖，年已五十。至七十二而卒。其在元時，已負文學重望。當時所刻各集，彙觀先後諸家之序，亦可以徵人心，覘世變。茲就嚴本卷首及金華叢書本附錄所載摘錄一二略論如次。

陳旅之序有曰：

文不可無淵源。西京而下，唯唐代為盛。宋姑不論，以姚鉉所聚唐文觀之，獨韓愈氏煥焉可觀。我國家混一以來，光嶽之氣不分，中統、至元間，豪傑之士布列詞垣，固難以一二數。天曆以來，海內之所宗者，惟雍虞公伯生、豫章揭公曼碩，及金華柳公道傳、黃公晉卿而已。二公之所指授，其必有異於庸常哉。設以韓愈氏方之二公，則濂當在李翺、皇甫湜之列也。

此序不知年月，以下引王褘序在至正十五年正月推之，陳序當約略同時，所序蓋潛溪前集也。又鄭渙序在至正十六年，而云「昔陳公爲序」，又曰「嗣是有作，當爲後集以傳」，亦可證。其時景濂文字初爲人知，故陳氏乃以唐之翱、湜擬之。然是年韓林兒稱帝，明祖亦渡江而南，明年遂取金陵；羣雄割據，四海鼎沸，而陳氏方以爲元之文章可以軼宋跨唐而駸駸乎媲美於西漢。不二十年，元社遽屋，當時士大夫似未夢想及之，亦可怪也。

復有歐陽元一序，謂：

> 三代而下，文章唯西京為盛。逮及東都，其氣寖衰。至李唐復盛。宋有天下百年，始漸復於古。南渡以還，其衰又益甚矣。我元龍興，以渾厚之氣變之，而至文生焉。中統、至元之文龐以蔚，元貞、大德之文暢而腴，至大、延祐之文麗而貞，泰定、天曆之文贍而雄。涵育既久，日富月繁，意將超唐、宋而至西京矣。

其言尤見誇滿自喜之情。又有劉基一序，謂：

> 漢、唐、宋之盛，則有賈、馬、揚、班、李、杜、韓、柳、歐、蘇、曾、王諸公，是皆生於四海一統時，挹光嶽之全氣，宜其精粹卓拔不可及也。國家混一七八十年，名儒鉅公接武而出，

其可以進配古人者，固不為少。然而老成凋喪之後，盛極則衰，理固然耳。今得宋君景濂潛溪集觀之，然後知造物之不喪斯文，而光嶽之氣猶有所鍾也。

知當時士大夫，方以元之一統與漢、唐、宋爭盛；至於其爲胡虜入主，非我族類，則似已渾焉忘之矣。此於歐、劉之序而可見。劉序今不收於誠意伯集，蓋入明後諱而棄之也。

又有孔克仁一序，謂：

金華宋景濂先生，鄉先生柳公道傳稱其雄渾可愛，黄公晉卿許其溫雅俊逸，莆田陳公衆仲亦謂辭韻風裁，類夫柳、黄二公。廬陵歐陽公元亦謂神思氣韻飄逸而沈雄。先生之文，經四公品題之重，可謂無餘藴矣。先生來金陵，氣老志堅而文益多，乃命余序其後集。顧余不敏，敢縱言論以齒四公之末哉？

景濂至建康見明祖，在至正十九年己亥，（一三五九）下此八年而元亡。孔氏序景濂之潛溪後集，必尚在至正十九年以後。龍飛虎躍，此何時乎，而一時士大夫集居金陵，所謂從龍翊運者，其心中若無事然；故下筆爲文，亦不見有其蹤跡。孔氏此序之所鄭重稱崇，自謂不敢齒其末之四公，皆元人也。是皆敵國之臣，轉瞬則亡國之大夫也。乃當時金陵諸儒，若僅知有文章，不知有國家之興亡，與民族夷夏之判。而其言文章，則又僅知有元之傳統而已。不知新朝將興，抑且此諸儒亦已身仕新朝，而其心中筆下曾不一及，豈不可怪之甚乎？

又有趙汸一序，謂：

潛溪前集凡十卷，冠以陳公衆仲序，浦陽義塾既刻而傳之。後集筆稿日新，而卷帙未有終，宋公以書來，俾汸序其意。迺為序曰：尚論浙東君子，必以東萊呂公為歸。百餘年間，莫善於文獻黃公。景濂父生呂公之鄉，而久游於黃公之門，別集之行，豈徒欲以文辭名世者哉？衆仲嘗學於虞公，而景濂父黃公之徒也。二公之所指授，信乎有異於他門者哉。

當時諸儒爲景濂文作序，辭旨似不出兩途。一則誇元之文統，如此序言虞公、黃公是也。一則溯浙東學術文章之傳，如禕之序其前集，及此序之盛推浙東君子自東萊呂公以來是也。世運大變，迫在目前，且諸儒已身仕新朝；縱不然，亦已在其號令統治之下，親爲其疆域之子民；而更無一言及之。彼輩之意態，究不知將置其親身所在之新朝於何地？事之可怪有如是。趙汸師事九江黃澤楚望，以治春秋名，洪武二年召修元史，不願仕而乞還，後人奉以爲明代儒林第一人。惟錢牧齋列朝詩集小傳稱：「周藩睦㮙敍元遺民，堅守臣節，與伯顏、子中同傳。」則其人可知。

又有王晉一序，謂：

潛溪續集十卷，金華宋先生景濂之所著也。今年夏，得識先生於金陵。承旨歐陽公，於人愼許可，獨稱先生之才具衆長，識邁千古，近時大江以南一人焉。誠可謂知言。潛溪前、後集二十卷，門人既刻梓以傳，而先生復以續集俾予為之序。予誦先生之文，不能不為之慨然者。方在宋時，言文章大家者，廬陵歐陽文忠公，南豐曾文定公，臨川王文公，皆相望近在數郡間，何其盛也。元興，若廣平程公鉅夫，青城虞公集，豫章揭公傒斯，清江范公椁，臨川危公素，亦皆以文章著稱西江，亦不云乏人矣。夫何喪亂以來，淪籍殆盡，後學無所依承。豈昔者如彼其盛，而今遽若是寥寥哉！古稱文章與時高下，抑道之興廢，繫乎時之治亂。至於盛極而衰，亦其理也。今幸獲與先生邂逅數千里外，讀先生之文，既知道德淵源之所自，又俾夫末學者得續未絕之緒於將來，則先生之文之所沾被者亦既廣矣。

此序乃爲潛溪續集作，雖不能定其年月，然其距元室覆亡之期必愈近，新朝龍興之象必愈著，而此序乃以「喪亂以來」四字致其慨歎，又謂「道之興廢繫乎時之治亂」，言下之意，若不勝其嗟惜於當前之世亂而道將廢者，幾已情見乎辭矣。

抑且尤有進者，上引陳旅、歐陽元、劉基諸序，皆自著其在元之官銜職名。而趙汸自稱「歙諸生」，王晉自稱「前鄉貢進士」，出身雖微，要之言必稱本朝，而其本朝則胡元也。彼輩之重視昭代，乃與在朝仕宦者無二致。則何其於亡元之崇重，而於興明之輕蔑。而且「其亡其亡，繫於苞桑」，則又何諸儒之短視也。

其更可異者，元社既屋，元鼎既移，而當時士大夫之殷頑心情則依然如昔。楊維楨序景濂翰苑集有曰：

> 客有持子宋子潛溪諸集來者，曰：「某帙，宋子三十年山林之文也。某帙，宋子近著館閣之文也。其氣貌聲音隨其顯晦之地不同者，吾子當有以評之。」維楨曰：「昔之隱諸山林者，奕乎其虎豹煙霞也。今之顯諸館閣者，燦乎其鳳凰日星也，果有隱顯易地之殊哉！三十年之心印，萬萬口之定價，於斯見矣，客何以山林館閣歧宋子之文而求之哉？」客韙吾言，錄吾言為宋子潛溪新集序。

此序作於洪武三年庚戌。自今言之，明室之興，乃吾中華自唐、虞、三代以來，衣冠文物傳統之所宗。胡元入主，其屠殺之兇殘慘烈，其統治之昏愚淫暴，縱皆不論；夷夏大防，縱謂非當時士大夫所知；而舊朝已覆，新朝已興，在當時士大夫心中，亦似乎茫然不知，漠然無動。乾坤洗滌，天地清平，諸儒視之若膜外。所不忘情者，乃景濂一人之隱顯，又且揚山林而抑館閣，若惜若厭；此爲何等胸懷，何等意態乎？維楨爲明祖敦迫，一至金陵，作老客婦謠見意，明祖笑而遣之，不罪也。明史褒然列維楨於文苑傳之首，全祖望則歸之宋元學案艮齋學案中，新元史亦爲維楨作傳。彼固以「老客婦」自況，則毋寧以列名元史，歸案元儒爲得其素懷矣。

余又讀傳維鱗明書滕克恭傳，克恭避地錢塘，與楊廉夫相友善，及明兵定河南，歸故里，歎曰：「吾得至此，豈非天哉！人民非故，天地自如，足以老矣。」壽百餘歲終於家，謂其子禮曰：「耕足矣，萬勿仕。」克恭之所謂「人民非故」，謂其非復爲大元之子民也。彼能踰百歲以壽終，其子能守父志，終身勿仕於明廷，嗚呼！可謂志節皎然矣。抑未聞明廷之加以罪責與強迫也。是明祖之待元臣，實不可謂不寬大；而當時士大夫之忘其爲華裔，僅知曾食元祿，亦可見世風士行之一斑矣。

又有揭汯一序，謂：

> 一代之興，有一代之制作。以景濂之雄文奧學，而不獲顯庸於前朝，豈非天之所屬實有在耶？余聞景濂之名，蓋二十年矣。近始會於金陵，然此特所觀新集者而已，皆應制代言紀功銘德之作。若景濂平日之所著，則有前、後、續、別四集，已盛行於世，及流傳於海外，學者又當兼取而博觀之。

此序所謂新集，卽翰苑集，故謂其「皆應制代言紀功銘德之作」，此卽楊序所謂「館閣之文」也。「平日所著，前、後、續、別四集」，指潛溪集，作在元時，卽楊序所謂「山林之文」也。汯之所重，其意亦在彼不在此，與楊氏意見無異。汯，傒斯子，新元史有傳。謂明兵入燕，凡仕者例徙南京，汯稱疾不往。洪武六年卒。然觀此序，則汯實赴金陵也。要之汯之與維楨，皆爲無意屈節於明廷者。景濂乃新朝佐命大臣，何以必求勝國遺老爲其翰苑代言之集作序，其意亦良可怪。又汯序明稱「前朝」，則其時元祚已盡；而序末自稱「中順大夫秘書少監」，此乃仕元之官階，何以書於新朝翊運大臣翰苑代言之集之首頁，又不特注一元字，豈亦所謂「不知有漢」乎？

又有貝瓊一序，曰：

翰林侍講學士金華宋公景濂，自少以文雄一時，人不遠數千里求之，殆徧於中國四夷矣。其居青蘿山所作者曰潛溪集。其在朝所作者曰翰苑集。潛溪集凡若干卷，故翰林承旨歐陽文公為之序，而翰苑集復萃記序碑銘傳雜說釐為前、後、續、別四集云。予嘗讀而好之，乃撫卷而歎曰：元初，姚文公以許氏之學振於北方，下至天曆、至正間，又有蜀虞文靖公、金華黃文獻公，亦若韓子之在唐，歐陽子之在宋矣。國朝龍興，公以布衣登侍從之選，歷十餘年，凡大制作大號令，修飾潤色，莫不曲盡其體。實與虞、黃二公相後先已。雖然，虞、黃二公屬重熙累洽，所以黼黻一代之盛者為易。今國家肇造之時，將昭武功而宣文德，以新四方之觀聽，使知大明之超軼三五，豈不為難乎？

景濂翰苑集凡三序，此序最在後，作於洪武八年。時新朝已確立，抑且瓊亦仕焉，曾從景濂纂修元史，其爲序，若宜與楊、揭二氏之措辭有不同；乃誦其文，仍有可怪者。其爲翰苑集作序，何以必連述及其潛溪集，而又必引亡元歐陽玄之言以爲重。於歐陽玄則又必詳其仕元之官名，又僅書一「故」字，不稱亡元勝國，此又何耶？序新朝大臣之集，而必溯其淵源於亡元，論元之文人，則必謂其堪與唐韓、宋歐陽相比；而復以景濂爲能與亡元虞、黄相後先，若足爲景濂增無上之光榮；而猶必謂景濂之所成就，尚有所不及於虞、黄。試問立言之體當如此乎？蓋當時文人崇重亡元，輕蔑新朝，已成風氣，則瓊之所謂「將以新四方之觀聽，使知大明之超軼三五，豈不爲難」者，乃是實情，固非瓊之自有所抑揚也。抑且揭汯之序，直書「中順大夫秘書少監豫章揭汯」，而貝瓊之序，則僅曰「清江貝瓊」。身仕明廷，何爲不書官階，豈亦有所避忌乎？蓋此乃一時代之風氣，亦一時代人之内心所蘊，自有其不可掩者。拈此小節，可概推其餘矣。正德本前列三序，爲楊維楨、揭汯、貝瓊，在芝園集前又列貝序，末稱「洪武八年歲在乙卯冬十有一月既望，將仕佐郎國子助教檇李貝瓊序」，一序重刊，一署官職，一不署，不知孰爲其朔。然果先署官名，疑後人不爲之削去。則瓊之初稿殆未署官職也。清江集序後，不署名籍年月，明是削去。

貝瓊清江集中又有青蘿山房歌，應在文集序之前。歌有引，謂：

> 公擅一代之文章，所著多行於世，而貯於山房者，必有光氣燭天，與山之寶玉同不泯矣。

其歌曰：

山人紫府神仙客，身今六十頭尚黑。一朝寘之白玉堂，青蘿寂寂寒無光。

是亦忽視其所以翊贊新朝者，而獨致拳拳於其以前青蘿山之隱居生活。則明之代元而起，當時明廷一輩從龍之士視之，殆亦只認其爲乃是一時天意之忽然喜新而厭故，一若乍陰乍晴，無甚內在之意義與價值可言矣。

劉基又有宋景濂學士文集序一篇，大意謂：

太史公宋濂先生，海內求文者項背相望，碑版之鐫，照耀乎四方。高麗、日本、安南之使，每朝貢京師，皆問安否，且以重價購其潛溪集以歸，至有重刻以為楷式者。先生之著述，多至百餘卷，雖入梓者已久，其門人劉剛復請基擷其精深，別成一編。且徵言序之。昔者楚國大司徒歐陽文公元贊公之文曰：「其氣韻沉雄，如淮陰出師，百戰百勝，志不少懾。其神思飄逸，如列子御風，飄然褰舉，不沾塵土。其詞調清雅，如殷卣周彝，龍紋漫滅，古意獨存。其態度多變，如晴躋終南，眾騶前陳，應接不暇。非才具眾長，識邁千古，安能與此。」嗚呼！文公之言，至矣盡矣！設使基有所品評，其能加毫末於是哉？今用備抄，冠於篇端，而並繫先生出處之大略，使讀者有所考焉。

此序據鄭濟所爲文粹後識，實當稱潛溪宋先生文粹。鄭濟文粹後識云：

> 右翰林學士承旨潛溪文粹一十卷，青田劉公伯溫丈之所選定也。先生平日著述頗多，其已刻行世者，潛溪集四十卷，蘿山集五卷，龍門子三卷。其未刻者，翰苑集四十卷。歸田以來，所著芝園集，尚未分卷。在禁林時，見諸辭翰，多係大著作。竊意劉丈選之或有所遺，尚俟來者續編以附其後。

是則景濂集刻版傳世者，只是其潛溪集前、後、續、别四十卷，而今四部叢刊所影印之正德本八編七十五卷，在當時初未刊行。而劉基所選之文粹十卷，又只就已刻潛溪集中選出。其所選亦只是楊維楨所謂「三十年山林之文」，而此後「館閣之文」，則如鄭濟所謂「或有所遺」，未經選録也。尤可異者，劉氏此序，僅引亡元歐陽玄之舊序，而謂：「其言至矣盡矣，設使基有所品評，其能加毫末於是哉？」何其言之謙抑耶？抑且劉序稱「昔者楚國大司徒歐陽文公」，舉其官謚，而僅曰「昔者」；則豈不知元之已亡，處新朝而稱勝國，豈宜用「昔者」二字乎？修辭立其誠，觀乎劉氏之辭，斯可以微窺其內心之誠矣。蓋元儒懾於異族治權之積威，其處身若孱兔之藏草叢，彼已能逃脫於九儒十丐之賤，而上躋釋、道，同稱三教，固已經無限之酸辛與夫不斷之奮鬪；而乃於世道民瘼之外，始別有所謂人物者，可得爲後生繼起之所仰望而慕效，以爲道德文章傳統之所繫；此乃文化絕續一線之存，固是大可慨歎而又無可如何之事，雖宋、劉之賢，於此有不免，論史者亦無所用其深責也。

越後乃有方孝孺續文粹序，其辭曰：

可名之功，眾人知之。難名之功，君子知之。至於不見其功而天下陰受其利者，此非聖賢之徒不能知也。當元之衰，國朝之始興也，太祖高皇帝定都金陵，獨能聘致太史金華公而賓禮之。及海內平定，上方稽古以新一代之耳目，正彝倫，復衣冠，制禮樂，立學校，凡先王之典，多講行之，而太史公實與其事。先後二十年，修身於戶庭之間，而姓字播於千萬里之外，蠻夷異類皆知尊慕之，使中國之美，傳於無極，其功蓋大矣。竊嘗歎天下知愛公文，而不能盡得其意，且不能盡觀也。以為公昔無恙時，嘗擇舊文為文粹以傳矣，因復與公同門友浦陽鄭楷叔度等，取自仕國朝以來所作，復選錄為十卷，名曰續文粹以傳於學者。嗚呼！斯文也，公之所為，雖可以傳世，而不足以盡公之為人也。後有賢者，考論國朝之所由興，而追維德業之盛，以歌詠太平之治於無窮，太史公之功庶幾可白於後世乎？

方氏此序，又傳爲金華樓璉作，皇明文衡疑爲方爲樓代筆。據鄭濟文粹後識，則方與樓當文粹前集選定，曾同預繕寫。惟此序收於遜志齋集，決爲方氏手筆無疑。此序作於明太祖死後，蓋至是而景濂入明以後所謂「館閣之作」，始有傳刻；而新朝稽古，彝倫衣冠禮樂學校，所謂「講行先王之典，而使中國之美永傳無極」者，亦於方氏之文始見其語。然方氏又謂「公之爲文，不足以盡公之爲人」，又曰「天下陰受其利而不見其功」，則知方氏之所重於景濂者，乃始大異於往時；而往時之所重於景濂者，則惟景濂之文耳，乃亦不知景濂於世道之有功，方氏始爲之揭發；然此亦或非景濂生時之所自負而逆知歟。或惟景濂之門人弟子，始有以微窺其師之用心，而景濂固未敢明白宣稱之於朋儕友好之間乎？要之一時之世態，固可於此而微窺矣。黄梨洲明儒學案師說列方正學孝孺爲第一人。全謝山宋元學案以景濂與歐陽玄同隸北山四先生學案。方正學二十遊京師，即從學於景濂，及景濂返金華，正學復從之，先後凡六歲。號爲盡傳其學。然黄氏學案列正學於「諸儒」，「諸儒」者，黄氏謂是「無所師承，得之遺經」也。而景濂乃不獲列名於明儒學案中，必待全氏始以歸之元儒之行列。黄、全二氏之安排品評，或亦不可謂之不允愜，而其意深微矣。

抑方序措辭，亦僅頌揚中國之有新朝，其於亡元，則亦止於爲弦外之音而已，尚未遽暢厥辭也。余又讀楊守陳重鋟劉誠意伯文集序，乃曰：

> 嗟乎！自昔夷主華夏，不過擅一隅，腥數載耳。惟元奄四海而垂八紀，極弊大亂，開闢以來未

有也。高皇掃百年之胡俗，復三代之華風。

昔之入主者，頗皆用夏貴儒，惟元不然。此其為穢，尤使人涕泗霑臆。其貽禍遠而播惡廣，奄及百年，不知變革。當是時也，薰蒸融液，無地非狄，若將不可復易者。我太祖高皇帝洗滌乾坤，為中國皇王賢聖復讎纘緒，所謂功高萬古而莫與同者。

又讀葉式題誠意伯劉公集亦曰：

至是而華夷爲防之大義，中國歷史之正論，乃始重見於文人之筆端。然守陳之文，已在成化六年，（一四七〇）上距明祖開國（一三六八）亦已七十餘歲；而葉文在嘉靖七年，（一五二八）則在明開國後一百六十載矣。時移世易，後人不識前人之心情，若必以驅除韃胡爲宋、劉諸人之功績，恐宋、劉在當時初無此想，抑或將增其汗慚不安之私焉，亦未可知也。

下迄清代，上論明初事，更多恍惚。蔣超之序未刻集則曰：

豈兵燹之餘，此書散失；不則有所忌諱，不敢槧木耶？

張治之序亦曰：

洪武時，禁網嚴密，舉朝動色相戒，雖君臣相得，莫如宋文憲公，而深沉不洩，題溫樹以自警，則所著文詞，有當傳不當傳者，亦何敢盡公天下，自貽鼯鼫。其藏諸名山者或有之。

四庫提要則曰：

推究當日之意，或以元代功臣諸頌及誌銘諸篇作於前朝，至明不免有所諱。或以尊崇二氏不免過當，嫌於耽溺異學而隱之。

其實景濂入明以後所謂「館閣之作」，在其生前並未刊布，而在元時所作所謂「山林之文」則流傳極廣；其頌銘元代功臣諸篇，方廣極流布，謂其有所忌諱而隱藏不敢出者，皆推想不實之辭耳。近儒又謂中國史上得天下之正，莫過於明祖；又每謂明祖御諸儒嚴烈太過；是亦有不盡然者。平心論之，從漢高者無不稱秦之暴，從光武者無不言莽之詐，從唐祖者無不斥隋之淫，從宋祖者無不薄周之弱。奈何明初從龍諸臣乃獨不然。其遠避若惟恐浼我者姑不論，而明祖之優禮於宋、劉、葉、章諸人，則實遠超於漢高、光武、唐祖、宋祖之於其諸臣之上矣。明祖曰：「我爲天下屈四先生。」何其言之坦然也。而彼四人者，於心乃若眞有屈。蓋元之儒者，居於異族統治七八十年淫威之下，心志不免日狹，意氣不免日縮，乃以爲斯文所在，卽道統所寄；在朝在野，雖亦學業文章有以自守，行己立身有以自完，然而民生利病，教化興衰，或未能以斯道自負。夷夏之防，有所不知。而區區所以自保者，乃不免歸之於政府在上寬厚之德意。天下雖亂，而彼諸儒，固未能憬然豁然於其所以然。今宋、劉皆有文集傳世，試觀其所指斥於前朝者究何在？而其頌揚前朝之辭，在當時轉視若固然，亦未聞有所禁抑。則豈得謂明初禁網之密。蓋明祖之起，其內心亦不能不以草澤叛逆自惡自慚。宋、劉爲之大臣，雖渥厚之已至，而猶時時推尊勝國，既流露於文字，可知其未忘於胸懷；一若文章道術傳統所寄，乃胥在焉，並可以媲美唐、宋，而時時懷想，若情所不能已。則無怪乎明祖心中之終於諸儒有不釋。是亦諸儒自有以助成之，固不得專以罪明祖之雄猜。而明祖之於危素，則爲例尤顯。逮於稍後，事變漸定，事態漸顯，元帝遠遁沙漠，明之基業日固，諸儒心中，乃始於往日之文章議論自覺有所不安，則惟有求退遠避之一途。則明初諸臣之情切隱遁，其內心之所蘊，固不專爲避禍，而轉以召禍也。蓋當諸臣初從明祖，尚在洪武建號正位之前；其功業名位雖在此，而心所崇重依戀者，時或不免於在彼；心迹與世運相衝突，此則細讀當時諸人之文字，而可徵其陰影之難掩矣。

至提要所謂「或以尊崇二氏過當而隱之」，則尤不然。卽正德刊本爲景濂所手定者，何嘗有意隱其過崇二氏之心乎？全謝山宋文憲公畫像記謂：

婺中之學至白雲，而所求於道者疑若稍淺，漸流於章句訓詁，未有深造自得之語，視仁山遠遜之。婺中學統之一變也。義烏諸公師之，遂成文章之士，則再變也。至公而漸流於佞佛者流，則三變也。

蓋景濂誠亦文章之士，又篤好二氏，伯溫則以文章兼權術。二人者，皆漸染浸溺於元治下之時代風氣，初非知有民族大義，可憑以自守而自奮。基有潛溪圖歌爲景濂賦，曰：「何時上疏乞骸骨，寄聲先遺雙飛鳧。」又景濂辭元辟命將入仙華山爲道士，基作歌速其行，謂：「先生行，吾亦從此往矣。」此二人當日之心志也。適逢明祖龍興，因緣時會，殆非其夙所抱負。而明之開國，局度恢皇不如唐，寬宏仁厚不如宋，從龍諸賢亦與有責。後儒繼起，盛推祖宗開國之光榮，乃於宋、劉諸人多有頌揚過溢之辭。至於事久論定如黃、全兩學案之所品評，則又已在易代之後矣。

爲未刻集作序者尚有吳偉業，謂：

韓本晚出，采擷詳於勝國，僅存元世之一二，附見各體之末，其為陔、華之無詞者多矣。竊尋其自所謂前、後、續、蘿山集者，大都在元時未仕所作，年盛氣壯，必有可觀，亦因得尚論其世。惜乎遭遇之後，以改物為嫌，微之而不顯，使習讀者不備山林臺閣之體，可悵也歟。

吳氏此序頗有誤會。潛溪前、後、續集及蘿山集，當景濂身後，始漸隱晦，非景濂以改物爲嫌，微之使不顯也。景濂遭遇之後，館閣諸文，在其生前轉不如其未仕時所作山林諸文之流布在世，膾炙人口。身後所刊，亦僅續文粹十卷。至正德時，始有八編七十五卷之彙刻，則正當明之中葉矣。此俱已考訂如上。景濂未仕所作收於韓刻者二百十四題，兼之徐刻，共三百五十七題；不知所謂潛溪前、後、續集及蘿山集均已搜羅在內否？要之儻有遺逸，數量亦不甚大，非有所謂「多陔、華之無詞」也。據方正學續文粹序及嘉靖雷禮序韓刻全集皆稱潛溪集曾傳刻於日本，不知彼邦頃尚保有此本否？儻能獲見彼邦舊刻，取與徐、韓兩本對校，或可更有所發現。姑誌於此，以待訪求。

偉業又曰：

> 浙水東文獻，婺稱極盛矣。自元移宋鼎，浦江仙華隱者方鳳韶卿與謝翺皐羽、吳思齊子善，賡和於殘山剩水之間，學者多從指授為文詞；若侍講黃公，待制柳公，山長吳公，胥及韶卿之門，出而緯國典，司帝制，擅制作之柄。景濂親受業於三公，承傳遠而家法嚴，遂以文章冠天下。際會眞人，經綸黼黻，光輔一代稽古右文之治，幾欲躋之成周，世皆慕之為名世宗工，而不知淵源於宋之逸老。嗚呼！不有山澤臞，孰為維斯文如帶之緒，以俟賢哲起而昌大之，其功焉可誣也！

又曰：

元一天下，休養人物七八十年，號為安阜富庶，故能容羣儒恬寢食而甘圖書，以遺經轉相授受。並時山陬海澨，文章、理學之懿，鬱乎隆龐。景濂鍾光嶽之全氣，而取材落實，兼條貫以集其大成，不可謂非所值之幸也。

吳氏此文，實亦自具錯綜複雜之心情。彼既失身清廷，豈亦欲留其殘生以爲山澤之臞，以維斯文如帶之緒耶？彼幸景濂之所值，謂元一天下，休養人物七八十年，使景濂集其大成；則清室之在當時，豈不亦容羣儒恬寢食而甘圖書以遺經相授受乎？吳氏亦僅一文士，宜其不足與語夫此矣。

今綜觀景濂集，以一人之寫作，而五十年桑海之變，山林、館閣兼而有之。又值元、明易代，夷、夏交迭，政俗民生，與夫士大夫一時心情之激盪，以及學術風尚之轉移，處處可於景濂集中探其消息，尋其影響。斯誠治史者所當注意。本文則僅就景濂集前後各刻，撮舉各家序文，以爲治斯集者粗指方嚮而已。内容未暇細及。姑摘錄集中一篇稍加申述，以畢吾文。

贈梁建中序

虎林梁君建中，妙年嗜伊洛之學，而復有志於文辭。一時大夫士皆稱譽之，建中不自以為足，復來問文於余。余也，賦質凡庸，有志弗強，行年六十，曾莫能望作者之户庭。問嘗出應時須，皆迫於勢之不能自已者爾，當何以為建中告哉？雖然，竊嘗聞之師矣，文非學者之所急，昔之聖賢初不暇於學文，措之於身心，見之於事業，秩然而不紊，粲然而可觀者，卽所謂文也。其文之明，由其德之立，其德之立宏深而正大，則其見於言，自然光明而俊偉。此上焉者之事也。優柔於藝文之場，饜飫於今古之家，搴英而咀華，遡本而探源，其近道者則而效之，其害教者闢而絕之，俟心與理涵，行與心一，然後筆之於書，無非以明道為務。此中焉者之事也。其閱書也，搜文而摘句，其執筆也，厭常而務新，晝夜孜孜，日以學文為事，且曰：「古之文淡乎其無味，我不可不加穠艷焉。古之文純乎其斂藏也，我不可不加馳騁焉。」由是，好勝之心生，誇多之習熾，務以悅人，惟日不足。縱如張錦繡於庭，列珠貝於道，佳則誠佳，其去道益遠矣。此下焉者之事也。嗚呼！上焉者吾不得而見之，得見中焉者斯可矣，奈何中焉者亦十百之中不三四見焉；而淪於下焉者，又奚其紛紛而藉藉也。此無他，為人之念宏，為己之功不切也。余自十七八時，輒以古文辭為事，自以為有得也。至三十時，頓覺用心之殊，微悔之。及踰四十，輒大悔之。然如猩猩之於屐，雖深自懲戒，時復一踐之。五十以後，非惟悔之，輒大愧之。非惟愧之，輒大恨之。自以為七尺之軀，參於三才，而與周公、仲尼同一恒性，乃溺於文辭，流蕩忘返，不知老之將至，其可乎哉？自此焚毀筆硯，而游心於沂泗之濱矣。今吾建中，孜孜綴文，思欲以明道為務，蓋庶幾無余之失者。而余猶為是強聒者，文之華靡，其溺人也甚易之故也。雖然，天地之間，有全文焉，具之於五經，人能於此留神焉，不作則已，作則為天下之文，非一家之文也。其視遷、固，幾若大鵬之於鷦鷯耳。建中尚勉之哉，建中尚勉之哉！

景濂此文所謂「五十以後非惟悔之，輒大愧之，非惟愧之，輒大恨之」者，決非漫爾應酬之辭。然在景濂內心有此感，而同時人則未能有此同感也。景濂門人爲此文有一題記附刻，見於四部叢刊所影印之正德本，而嚴刊則删去。題記之辭曰：

太史公生平以文章名天下，而其該貫典籍，窮極經史，蓄積浩穰，與古人爭長者，人未必盡知之。縱或知而尊之，至其立心制行敦大和雅，揆法聖賢之道而無媿者，世固未必識也。於其大者不之識，而謂足以知文章，豈果能得其精微之意？今觀贈錢塘梁先生建中序，其論文如此，則世之不足知公者宜也。彼後生晚學，未能執筆，輒掎摭疵病以議，曾足與之言文哉！

洪武二十三年正月十日門人謹題。

景濂卒於洪武十三年，此題距景濂卒又十年。可知時人之所稱揚崇重於景濂，及其所掎摭疵病於景濂者，則一惟其文耳。其學已所不知，其行更然，則又何論於世運之與治道？當時一世之人，初不謂明之崛興，乃貞下之起元，乃積晦之復明，而抑若文治昌隆轉有虧焉；此則於題辭之言外，可推想而知也。此題記大旨，與方孝孺續文粹序相近，或亦出方氏之手乎？

又按：皇明文衡卷一代言首篇爲景濂所撰之諭中原檄，此文不收於景濂集，亦附録於此。

論中原檄

自古帝王臨御天下，中國居內以制夷狄，夷狄居外以奉中國，未聞以夷狄治天下也。自宋祚傾移，元以北狄入主中國，四海內外，罔不臣服，此豈人力，實乃天授。然達人志士尚有冠履倒置之歎。自是以後，元之臣子，不遵祖訓，廢壞綱常。有如大德廢長立幼，泰定以臣弑君，天曆以弟酖兄，至於弟接兄妻，子烝父妾，上下相習，恬不為怪。其於父子君臣夫婦長幼之倫，瀆亂甚矣。夫人君者，斯民之宗主。朝廷者，天下之根本。禮義者，御世之大防。其所為如彼，豈可為訓於天下後世哉？及其後嗣沈荒，失君臣之道，又加以宰相專權，憲臺報怨，有司毒虐，於是人心離叛，天下兵起，使我中國之民，死者肝腦塗地，生者骨肉不相保；雖因人事所致，實天厭其德而棄之之時也。古云：胡虜無百年之運，驗之今日，信乎不謬。當此之時，天運循環，中原氣盛，億兆之中，當降生聖人，驅逐胡虜，恢復中華。立綱陳紀，救濟斯民。方今一紀于兹，未聞有濟世安民者，徒使爾等戰戰兢兢，處於朝秦暮楚之地，誠可矜憫。方今河、洛、關、陝，雖有數雄，忘中國祖宗之姓，反就胡虜禽獸之名，以為美稱，假元號以濟私，恃有衆以要君。阻兵據險，互相呑噬，反為生民之巨害，皆非華夏之主也。予本淮右布衣，因天下亂，為衆所推，率師渡江，居金陵形勢之地，今十有三年，西抵巴蜀，東連滄海，南接閩越，湖、湘、漸、沔，兩淮、徐、邳，皆入版圖，奄及南方，盡為我有。民稍安，食稍足，兵稍精，控弦執矢，自視我中原之民，久無所主，深用疚心。予恭天成命，罔敢自安，方欲遣兵北逐羣虜，拯生民於塗炭，復漢官之威儀。慮民人未知，反為我讐，挈家北走，陷溺尤深。故先諭告，兵至民人勿避。予號令嚴肅，無秋毫之犯，歸我者永安於中華，背我者自竄於塞外。蓋我中國之民，天必命中國之人以安之矣，夷狄何得而治哉？爾民其體之。如蒙古、色目，雖非華夏族類，然同生天地之間，有能知禮義，願為臣民者，與中國之人撫養無異。

明祖克金陵，在至正十六年丙申，（一三五六）至正二十七年丁未（一三六七）九月執張士誠，十月徐達、常遇春等卽率師北伐；此年卽爲元亡之年，明年爲洪武元年戊申。（一三六八）說者謂檄文云「一紀于兹」，卽自明祖渡江克金陵之年起算，至爲檄討北方之年適一紀十二年也。然天下兵起，何獨自明祖渡江有金陵之年起算，此決不然。且下文明云「率師渡江，今十有三年」，可知上文決不自渡江起算。故疑此句當作「二紀于兹」，乃自至正七年丁亥，（一三四七）至是踰二十年。至下文云「居金陵十有三年」，應作「十二年」始是。要之此檄文乃作於洪武建號之前一年，卽元亡之年也。於易代之際，而正式提出中國、夷狄之大辨者，今可考見，惟此一文。然其於元之統治，既曰「天授」，嗣稱「天厭」，僅論其命，未伸吾義。又曰：「當降生聖人，而未聞有濟世安民者。」又若退避不敢自居，何也？至云：「予恭天成命」，始自居爲天降以安中國之聖人矣，然又曰：「蓋我中國之民，天必命中國之人以安之」，仍自隱約謙讓，不欲明白以天降之聖自居。氣和辭婉，從來檄文，殆少其例。此非在當時無正義嚴辭可陳，實由羣士仕明，鮮能深明於夷、夏之大義，又不深知民心之向背，敵我之勢，至此猶若不能確切自信；此乃七八十年來異族統治積威之餘，士大夫內心怯弱而後有此現象，固不得責備於景濂一人也。

又按：談遷國榷至正二十七年十二月甲子明祖御新宮，祭告上帝皇祇曰：「惟我中國人民之君，自宋運告終，帝命眞人，來自沙漠，百有餘年。今運亦終，天下紛爭，惟帝賜臣英賢，遂勘定之。今輿地周廻二萬里，臣下曰：『生民無主』，必推臣帝。臣不敢辭，亦不敢不告。是用明年正月四日，設壇鍾山之陽，惟帝祇之簡在。如臣可君，祭日天澄氣和。臣若不可，當示異焉。」翌年正月丙子，詔曰：「自宋運既終，天命眞人于沙漠，今運亦終」云云，注曰：「元詔首曰上天眷命，意稍夸，至是首曰奉天承運。」此兩文乃開國大典，必自宋及元者，顯涵有夷、夏之大辨，然終不明白提出，而曰「帝命眞人於沙漠」；又數元祀百有餘年，則始自成吉思汗；其時宋祚固未斬，正統尚在，當時秉筆之士，何爲諂媚胡元，一至於此？諒可怪也。至曰「奉天承運」，則是明明承元運。明初諸臣之不忘胡元，眞屬不可思議之尤矣。

又按：明史太祖紀：明軍渡江北伐，奏捷多侈辭，謂宰相曰：「元主中國百年，朕與卿等父母皆賴其養，奈何爲此浮薄之言。亟改之。」罪惟錄則云：有擬平定沙漠頌，語頗侈大，帝曰云云。談遷國榷曰：「中書省榜應昌之捷，上曰：『元雖夷狄，君夏百年，天訖其祿，于朕何與。捷音誇，非所以示四方，速改之。』」談書下「元雖夷狄」四字，不知果是當時明祖語否？然明祖縱有此心，而羣士輿情不可不顧，乃作此謙退之辭；則景濂檄文，亦必由明祖授意，否則當得明祖默許，又斷可知矣。

又按：洪武三年，景濂奉命纂大明日錄，七年成，序進，稱上「度越前王者六」。一曰「挺生南服，統一華彝」。然胡元之治，豈非亦統一華彝乎？惟一起沙漠，一生南服，斯見其不同耳。景濂竟不敢以驅撻胡虜、光復華夏之功美明祖，豈不可異？元臣有李繼本，名延興，東安人，占籍北平，錢謙益詩集小傳稱其父士瞻，仕元，爲翰林學士承旨，封楚國公。延興中至正丁酉進士。中原俶擾，隱居不仕，河朔學者多從之，以師道尊於北方，有一山集。朱彝尊靜志居詩話云：「一山，北方之學者。洪武中雖未仕，然其典邑校者屢矣。故自贊畫像有云：『雖同乎今之人，而以聖賢爲矩墨。雖食夫今之祿，而視軒冕猶泥塗。』然一山本元進士，而上總戎詩則曰：『大將軍，出沙漠，萬里河山盡開拓。獲其名王歸，四面凱聲作。功成獻俘蒲萄宮，天清日白開鴻濛。遂使樓煩之壤化爲冠帶，衍爲提封。』未免言之太盡，無復一成三戶黍離麥秀之思矣。」朱氏生值清初，其言外之意，豈猶欲亡明之餘能以一成三戶光復中興，而姑隱詞以責延興乎？然在明初能有此詩，可謂鳳鳴高岡，下視景濂諸人，直是茆店之雞聲矣。明初開國羣士，率多南人，彼輩殆以生事優遊，詩酒山林，所受感觸，或不如北人之深，而遂渾忘夫胡元之非我族類乎？一山之僅典邑校，未仕於朝，或以南北學者氣味不相投而未見汲引；其畫像之自贊，殆以南士競以不仕爲名高，而姑自爲此解嘲之辭耶？

其後方正學爲景濂文萃作序，其時已在明祖身後，大一統之局面已確立。正學盛推其師，然其文猶復婉轉隱約，若有未能暢竭其所欲言者。蓋當時羣士之所不滿於景濂者，正學固未能顯斥其非；而正學之所未滿於其師者，亦不能明白而道。當其時，羣士之心病可謂深痼難醫矣。余爲此文，乃欲藉當時羣士之筆墨餘瀋，洗滌出一世人心之癥結於隱微藏匿之處；若有近於周納，然固治史者所宜注意也。

二　讀劉文成集

言明初開國名臣，必兼言劉、宋。惟景濂沉潛於文章道術，其在元時，隱淪自遁；文成抱經綸幹濟之懷，親仕於元；故二人才性不同，而出處亦相異。錢謙益列朝詩集小傳甲集劉誠意基，謂：

犂眉公集者，故誠意伯劉文成公庚子二月應聘以後入國朝佐命垂老之作也。余考公事略，合觀覆瓿、犂眉二集，竊窺其所為歌詩，悲惋衰颯，先後異致。其深衷寄託，有非國史家狀所能表其微者。每盡然傷之。近讀永新劉定之呆齋集撰其鄉人王子讓詩集序云：「子讓當元時，舉於鄉，從藩省辟，佐主師全普庵勘定江湖間，志弗遂，歸隱麟原，終其身弗仕。余讀其詩文，深惜永嘆。嗟乎子讓！其奇氣硉矹胸臆，猶若佐全普庵時，以未裸將周京故也。有與子讓同出元科目，佐石抹主帥定婺越，慕府倡和，其氣亦將掣碧海，弋蒼旻，後攀龍附鳳，自擬劉文成，然有作，噫喑鬱伊，捫舌騂顏，曩昔氣澌滅無餘矣。」呆齋之論，其所以責備文成者，亦已苛矣。雖然，史家鋪張佐命，論鑒項之殊勛，永新留連慕府，惜為韓之雅志。其事固不容相掩，其義亦各有攸當也。誦犂眉之詩，而推見其心事，安知不以永新（為後世）之子雲乎。謹撰定犂眉公詩，居國朝甲集之首。

又甲前集劉誠意基，謂：

公自編其詩文曰覆瓿集者，元季作也。曰犂眉公集者，國初作也。公負命世之才，丁有元之季，沉淪下僚，籌策齟齬，哀時憤世，幾欲草野自屏。然其在幕府與石抹艱危共事，遇知己，效馳驅，作為歌詩，魁壘頓挫，使讀者僨張興起，如欲奮臂出其間者。遭逢聖祖，佐命惟幄，列爵五等，蔚為宗臣，斯可謂得志大行矣；乃其為詩，悲窮歎老，咨嗟幽憂，昔年飛揚硉矹之氣，澌然無有存者。豈古之大人志士義心苦調，有非旂常竹帛可以測量其淺深者乎！嗚呼！其可感也。孟子言誦詩讀書，必曰論世知人。余故錄覆瓿集列諸前編，而以犂眉集冠本朝之首。百世而下，必有論世而知公之心者。

今按：伯溫之有覆瓿集，猶景濂之有潛溪諸集也。伯溫之有犂眉集，即猶景濂之有鑾坡諸集也。伯溫仕於石抹宜孫之慕府，較之景濂之優遊山林而不出，其影響於二人將來出仕明廷之心情，必有不同，自可推想。據行狀稱：遺文郁離子十卷，覆瓿集二十四卷，寫情集四卷，長子璉又集所遺文藁五卷，名曰犂眉公集。其中惟犂眉集在仕明以後，非其生前所自定，則伯溫詩文集實以在元時所作爲主。今讀其遺文，想見其終赴金陵出仕明廷，其心若誠有所屈而不獲已者。則犂眉一集，殆亦於不獲已之心情中而偶有撰寫，宜其有如牧齋所云云也。

今考劉集蘇平仲文集序謂：

元承宋統，子孫相傳，僅逾百載，而有劉、許、姚、吴、虞、黄、范、揭之儔，有詩有文，皆可垂後者，由其土宇之最廣也。今我國家之興，土宇之大，上軼漢、唐與宋，而盡有元之幅員，夫何高文宏辭，未之多見，良由混一之未遠也。

上文已在洪武時，前敍漢、唐、宋諸代之文章，而謂元之文運可與媲美爭勝，而致憾於當前之有所不如。此可謂乃明初諸儒之共同意見，而伯溫之言，特爲其一例而已。

又杭州富陽縣重脩文廟學宫記謂：

惟國家以武定九有而守以文，故京有胄監，郡縣皆有學，至于海隅日月之所出入，罔不知尊孔子之道，皇皇剡剡，照映天地，亘古所未有也。

此文作於至正九年，其推崇有元一代之文教，可謂言過其實，抑且近於不知恥之類矣。

伯溫復有感懷詩，其辭曰：

昊天厭秦德，瑞氣生芒碭，入關封府庫，約法惟三章。英雄不世出，智勇安可當。叔孫一豎儒，綿蕞興朝綱。遂今漢禮樂，遠媿周與商。逝者如飄風，盛時安得常。寤寐增永歎，感慨心內傷。

是伯溫亦知元之規模，不得與吾儒之理想相符而有其缺憾，並逆知其盛時之不常矣。然終以元之開國上比漢高，而特以制度禮樂之有媿，歸咎於當時之儒生，其殆指許衡之徒乎！以如是之史識，復何得以夷夏大義責之！

又杭州路重修府治記謂：

國家撫有四海，輿圖廣斥，民物蕃廡，猶慮政教有所未被，乃大選守令，舉重臣之有才德聞望者居其職。

此文作於至正十二年壬辰三月，時天下已大亂，元廷方於是月下詔省臺官兼用南人；若以史籍所載較之伯溫此文，豈不儼如在兩個世界乎？

又諸暨州重脩州學記謂：

國家自混一以來，以仁澤施於民，涵濡養育，蕃衍滋息，可謂庶且富矣。今乃至相率而為盜，庸非典教者失其職耶？

此文作於至正十五年七月，前一月卽明祖南下之月也。伯溫文中既有「相率爲盜」之語，而歸咎於典教者之失職；至於元政之仁澤施於民，則仍揄揚讚歎先後無異辭。

伯溫又有諭甌栝父老文謂：

告甌栝父老。皇朝以武德一九有，服而不殺，煥休滋潤，罔有荼毒，至今八十餘年矣。父老目不睹旌旗，耳不聆鉦鼓，茹蔬飯稻，哺孫育子，早卧晏眠，優優坦坦，通無販有，蹈山涉水，不睹不類，誰之賜歟？帝德寬大，務在休息，與百姓安樂太平，故禁綱漏而弗脩。官缺其人，偷惰潛生，以不能宣德化，達壅滯，咎在有司，非主上意也。

此文在帖里帖木耳爲左丞相時，辟伯溫爲行省都事，伯溫建議招撫方國珍餘黨。其時當爲至正十六年丙申。時張士誠入平江，明祖克金陵，元事已決不可爲，而伯溫猶一意宣揚元廷之德政，以期挽回民心。及元廷受方國珍降，伯溫轉得罪，羈管於紹興。

然元政之黑暗，民生之塗炭，伯溫亦非不知。方其早年北上應進士舉，沿途所見，驚心動魄，發之歌詩，悲憤激昂，使人至今猶有不堪卒讀者。伯溫生於元武宗至大四年辛亥，（一三一一）其至燕京會試，在文宗至順四年癸酉，（一三三三）是年以明經登進士第，計其年則僅二十有三耳。而憂深思遠，已知世運之亟亟不可終日矣，是誠所謂豪傑之士也。其北上感懷爲五百七十字之長詩，痛陳目擊，謂：

踰淮入大河，淒凉更難視。黄沙渺茫茫，白骨積荒藟。哀哉耕食場，盡作狐兔壘。太平戢干戈，景物未應爾。去年人食人，不識弟與姊。至今盜賊輩，嘯聚如蜂蟻。長戈耀白雪，健馬突封豕。豈惟橫山澤，已敢剽城市。勿云疥癬微，不足成瘡痏。

其詩結尾則曰：

青徐氣蕭索，河濟俱泥滓。痛哭賈生狂，長歎漆室裏。何當天門開，淸問逮下俚。

其詩在至順癸酉，下距至正七年丁亥沿江兵起（一三四七）尚十五年，而伯溫已欲作賈生之哭，是非所謂先識之豪傑乎？

其過東昌有感詩云：

況聞太行東，水旱荐為虐，飢氓與暴客，表裏相倚著。賑卹付羣吏，所務惟刻削。征討乏良謀，乃反恣剽掠。往者諒難追，來者猶可作。歌詩附里謠，大猷希聖莫。

此種無可奈何而徒抱希冀之心情，時在詩中流露。然亦有明見其不可爲者，如其贈周宗道六十四韻有云：

帝閽隔蓬萊，弱水不可航。螻蟻有微忱，抑塞無由揚。遙遙草茅臣，怒切忠憤腸。披衣款軍門，披腹陳否臧。曰走居海隅，詩書傳世芳，感荷帝王恩，祿食厠朝行。走身非己軀，安得緘其吭，走有目擊事，敢布之朝堂。（此下歷叙當時地方官吏愚昧兇惡迫民為盗之情形。）走非慕爵賞，自鬻求薦揚，痛惜休明時，消患無其方。又不忍鄉里，鞠為狐兔場。陳詞未及終，涕泣下滂滂。旁觀髮上指，側聽心中傷。天路阻且脩，不得羽翼翔。可憐涸轍魚，待汲西江長。況有蛟與蛇，磨牙塞川梁。九冬積玄陰，天色慘以涼，衆鳥各自飛，孤鸞獨徬徨。子去愼所適，我亦行歸藏。

又感懷三十一首有云：

客有持六經，翩翩西入秦，衣冠獨異狀，談舌空輪囷。獻納竟何補，焚坑禍誰因。昂昂採芝士，蹻蹻蹈海人。龍驤九淵外，豈復歎獲鱗。

又詠史二十一首有云：

吾愛閔仲叔，幽居翳茆茨。應辟思濟世，利祿豈其私。進當致堯舜，退則老蒿藜。焉能犬馬豢，以為天下嗤。

不能進而致君於堯舜，則退求自全，采芝蹈海，老於蒿藜，此亦一時之志也。然事態之變，有縱不求退而亦不得不退者。而求老蒿藜，則事復不易。其感遇六首有云：

一日復一日，一夕復一朝，青燈向暗壁，光燄坐自消。鞲鷹鍛六翮，絕意於雲霄。嚴霜隕奧草，蛇虺去所依。可惜蕙蘭花，與之共頹萎。顧此悲世運，泫然涕交頤。

又在永嘉作有云：

河流未到海，平陸皆驚湍。旗幟滿山澤，嗚呼行路難。

禍亂方亟，藏身無所，此種心情，誠爲難堪。然而希冀猶未絕，則亦惟有仍抱此希冀以待之而已。其丙申歲（至正十六年）十月還鄉作七首有云：

五載辭家未卜歸，歸來如客鬢成絲。親知過眼還成夢，事勢傷心不可思。且喜松楸仍舊日，莫嗟閭井異前時。修文偃武君主意，鑄甲銷戈會有期。

於斯時，而得一機緣可以措手，其內心之喜幸爲何如。其從軍詩五首送高則誠南征有云：

牧羊必除狼，種穀當去草，凱歌奏大廷，天子長壽考。

又曰：

振旅還大藩，歌舞安旄倪，拂衣不受賞，長揖歸蒿藜。

機緣之在他人，其興奮感發猶如此，何況機緣之在自身，則其內心之興奮感發更可知。至正十六年，伯溫承省檄，起佐石抹宜孫，殆爲伯溫生平最喜幸興奮之一機緣。自謂「與石抹公爲詩相往來，凡有所感，輒形諸篇」，有唱和集序謂：

古人有言曰：君子居廟堂則憂其民，處江湖則憂其君。

蓋至是而平日之處江湖而憂君者，亦得依附於廟堂之貴而預憂其民焉，其爲躊躇而滿志可想矣。今讀覆瓿集諸詩，與石抹相倡和者獨多，既曰：

莫驚溝澮盈，雨息當自乾。

又曰：

將帥如林須發蹤，太平功業望蕭張。

既曰：

卻羡魯陽功德盛，揮戈回日至今傳。

又曰：

相期共努力，共濟艱難時。

古人言「詩言志」，又曰「情見乎辭」，伯溫當時之所志與其情之所發，豈不於此等詩辭而躍然可見乎？至正十六年復有浙東處州分府元帥石末公德政記及處州分元帥府同知副都元帥石末公德政碑頌兩篇。而無奈於大元盛運之終不可復，伯溫復見抑，乃曰：「臣不敢負國，今無所宣力矣。」遂棄官歸。

今綜讀覆瓿集，約述伯溫當日心事之見於詩者，不外如下之三端。其聞鳩鳴有感呈石抹公云：

逝水自流人自老，倚楹長憶至元年。

又曰：

疲氓眞可憐，忍令飼豺虎。追憶至元年，憂來傷肺腑。

此其終不忘情於大元之盛運，希其終能重臨者一也。其感興詩又曰：

當時玉帳耿羅綺，今日絲綸到草萊。傳語疲氓聊忍待，王師早晚日邊來。

又曰：

大哉乃祖訓，典章尚流傳。有舉斯可復，庶用康迍邅。

又曰：

摩崖可勒中興頌，努力諸公佐有唐。

蓋伯溫之於元室，亦可謂孤臣孽子，每飯不忘者矣。然而舉朝昏瞶，雖抱忠貞之心，匡濟之姿，而屈在草莽，展布何從，故曰：

朝廷竟知否，盜賊流如水。

又曰：

樽俎自高廊廟策，經綸不用草茅人。

又曰：

天關深虎豹，欲語當因誰。

又曰：

抑强扶弱須天討，可怪無人借箸籌。

此其二也。時事不可爲，中興無望，而感置身之無地，故曰：

盲飆正滃勃，孤鳳將安棲。

又曰：

但恐胥及溺，是由懷悲辛。

又曰：

撫几一長歎，聲出心已酸。

此其三也。抱此三種之心態，感於進退之兩難，而復有反側之士，不能一心王室，乃思乘時崛起，別有歸附，此尤可悲可憤之尤者。故其詠史有曰：

姦雄盜竊幸傾危，只道冥冥便可欺。想得民心思漢日，正當揚子劇秦時。

觀於上之詩篇，則伯溫之仍不免於一出而從明祖於金陵，其內心甚不獲已之委屈，亦可想像而得矣。

行狀稱：伯溫先遊燕京，書肆有天文書一帙，閱之，翌日即背誦如流。後爲江浙儒學副提舉，爲行省考試官，言事受沮，遂移文決去。嘗遊西湖，有異雲起西北，光映湖水中，諸同遊者皆以爲慶雲，將分韻賦詩，公獨縱飲，大言曰：「此天子氣也。應在金陵。十年後，有王者起其下，我當輔之。」時杭城猶全盛，諸老大駭以爲狂。後從石抹宜孫見抑，棄官居青田山中，或說公曰：「今天下擾擾，以公才略，據括蒼，併金華，明、越可折箠而定，因畫江守之，此句踐之業也。」公笑曰：

「吾生平忿方國珍、張士誠輩所爲，今用子計，與彼何殊？且天命將有歸，子姑待之。」會明祖下金華，定括蒼，公乃大置酒指乾象曰：「此天命也，豈人力能之。」客聞之，遂亡去。公決計趨金陵。伯溫之識天象，能預言，已成爲當時之神話，抑且流傳迄今不稍衰；然若如上引行狀之言可信，則覆瓿一集，尤其是伯溫與石抹倡和諸詩，豈不皆是虛構？孰信孰僞，固不待智者而辨矣。

朱竹垞靜志居詩話有一則云：

> 公在元時，有和王文明絕句云：「夜涼月白西湖水，坐看三臺上將星。」好事者遂附會之，謂公望西湖雲氣語坐客云：「後十年有帝者起，吾當輔之。」此妄也。當公羈管紹興時，感憤至欲自殺，藉門人密里沙抱持，得不死。明初既定婺州，猶佐石抹宜孫拒守，卽其酬和詩句，如：「中夜登高樓，遙瞻太微座」，「衆星各參差，威弧何時正」，「鴻雁西北來，安能從之飛」，「周嫠不恤緯，楚放常懷闕」，「郤秦慕魯連，存齊想田單」，蓋未嘗終食忘大都也。是豈預自負為佐命者耶！其題太公釣渭圖云：「偶應飛熊兆，尊為帝者師。」則公自道也。

牧齋列朝詩集小傳孫炎條：炎在處州，以上命招致劉誠意，劉堅不肯出，以寶劍遺炎；炎作詩，以爲劍當獻天子，人臣不敢私，封還之。劉無以答，乃逡巡就見。今其詩具集中。明史孫炎傳亦云：炎招基，基不出，炎使再往，基遺以劍。炎作詩，以爲劍當獻天子，斬不順命者，人臣不敢私，封還之。遺基書數千言，基始就見。又獻徵錄謂：劉基見孫炎，炎與論古今成敗之事，基深歎服之，曰：「基自以爲勝公，觀公議論，其何敢爲公哉？」然則伯溫之出仕明廷，乃出孫炎之強爲邀致，而豈有如行狀所云逆知天命之所歸乎？談遷國榷引許重熙辨劉基西湖彩雲事云：「高帝得金陵六年，方略浙東，基在石抹宜孫幕中。浮雲寨戰敗，繆美執送金陵放歸。孫炎總制處州，龍泉葉子奇三上書薦基，炎奏聞始聘，基力辭謝。炎寶劍卻之，作寶劍歌勸其出，基乃就。」此乃伯溫屈身明廷之由來。

又錢氏詩集小傳劉仁本條，謂：「方氏盛時，招延士大夫，折節好文，與中吳爭勝，文人遺老如彬林、薩都剌輩，咸往依焉。」又章有定條亦云：「元末，張士誠據吳，方谷眞據慶元，皆能禮賢下士。一時文士遭逢世難，得以苟全，亦羣雄之力。」又方行條云：「慶元之父子，淮張之兄弟，右文好士，皆有可書；志勝國羣雄者，無抑沒焉。」行狀稱伯溫自謂「生平忿方、張輩所爲」，此於今集中隨處可得其據。明祖初起，伯溫之意，亦與方、張一例視之耳。逮計無所之，乃不得已而從之，又豈預識天命有歸之謂乎？蓋當時草莽起義，無不心敬羣士，而羣士則多輕鄙草莽，伯溫亦其一人耳。又宋濂條：「至正己丑，濂用大臣薦，卽家除翰林院編修。以親老固辭，入仙華山爲道士，易名玄眞子。」今按：至正己丑乃至正之九年，其前一年，方國珍已起兵，下距伯溫爲帖里帖木耳諭甌栝父老亦七年。其始仕明，在至正十八年戊戌，王宗顯爲寧越府知府，延葉儀、宋濂爲五經師，戴良爲學正，吳沉、徐原等爲訓導；其事尚在與劉基、章溢、葉琛同被薦之前一年。伯溫逡巡不前，而景濂已先一年出仕。若謂預知天命，其爲伯溫，抑爲景濂，證之史實，亦居可辨矣。

傳維鱗明書徐舫傳：「庚子夏，太祖聘宋、劉、葉、章於金華。舟泝桐江而西，舫戴黃冠，服白鹿皮裘，青繩綰腰，立於江濱，貌偉神竦，揖劉而笑，且以語侵之，急入舟中。劉妬舫以隱放自高，數言於太祖，招致之。愈自匿不可得。」蓋元末羣士，能出仕，則以一忠報主；不仕，則以隱爲名高。徐舫能其後者，而伯溫不能完其前者，故不免因慚而妬也。

伯溫既從明祖定王業，明祖尊異之甚至，稱爲「老先生」而不名，又曰：「吾子房也。」然其心情之流露於詩篇，即所謂犂眉集者，常見爲低沉衰颯，回視覆瓿集中與石抹宜孫唱和諸什之飛揚而熱烈、奮厲而生動者，遠不侔矣。其夜坐詩有曰：

> 淺釭背壁翳還明，坐擁衾裯閱五更。雲捲星河垂永夜，霜飛鼓角靜嚴城。飄搖莫計餘生事，老病都非舊日情。想像故園憑夢到，愁來轉使夢難成。

今按：今所傳誠意伯集，覆瓿、犂眉不復分別，然各詩年代，猶約略可推尋。上引諸詩以之歸入覆瓿集者，亦以意推定之。此詩在蔣山寺十月桃花一首之前，則必在金陵時作，應是犂眉集中作品也。今試看其精神意態爲何如。

又有怨詩一首，其辭曰：

屈原沉汨羅，不忍棄其宗。萇弘志存周，寧為一己容。申生顧父愛，殺身以為恭。子車守明信，殉死安所從。之人豈不賢，揆道猶過中。卞和獨奚為，抱玉售瞽聾。刖足實自取，怨泣情何鍾。文貍處深林，無人識其蹤。誰令貪鷄鶩，以觸弋與罿。糜身獻厥皮，為人作妍容。娟娟芳蘭花，託根千仞峯。下有孤飛泉，上有灌木叢。歲晏不改色，霜清香更濃。韜光遠人禍，委命安天窮。道得復何怨，老子其猶龍。

此詩亦必在犂眉集中，爲其在金陵時所作。首舉屈原、萇弘諸人而曰「揆道猶過中」，是爲己之未能抱節死元作解脫也。次引卞和，則爲己之仕元而無所顯白作譬況也。然則幽林文貍之爲人作妍容者，豈不爲今日之失身見糜自悼惜乎？若芳蘭之託根千仞之峯，韜光遠禍，固是最值欣賞。此詩不曰詠懷，而題名怨詩，知其爲犂眉集中作品矣。

又有爲詹同文題浙江月夜觀潮圖有云：

聖明天子御宇宙，威惠與天相比隆。首丘儻許謝羈絆，猶有古月光曈曨。行當唱和三百首，永與潮汐流無窮。

此雖一時酬應之作，然方其在石抹幕府之時，殆不作身受羈絆之想。其爲後日作計，夫亦曰魯陽揮戈，中興勒頌，極於「拂衣不受賞」而止爾，決不求以唱和三百首，乃欲與潮汐之流而無窮也。善夫牧齋之言曰：「此有非國史家狀所能表其微者。」爰本其意而稍爲闡釋之如此。

牧齋又曰：「余錄覆瓿集列諸前編，而以犂眉集冠本朝之首。百世而下，必有論世而知公之心者。」牧齋此編已在清時，而書名列朝詩集，不加冠一「明」字；其所爲小傳，皆直稱「本朝」；是蓋牧齋之自表其微意，雖失身於清廷，而心終在明；故其文亦分初學、有學兩集，初學集皆明時作，有學集乃入清以後作，是猶如伯溫之覆瓿、犂眉分集也。牧齋欲後人之分別而觀，得其用心，殆借伯溫以自喻耳。然伯溫終爲有明一代開國之元勳，而牧齋名列貳臣傳，長爲當時後世所譏笑。則所遇各有時，夫亦曰從夷變夏之與從夏變夷，其事難可一概而論爾。

又按：罪惟錄逸運外臣列傳，首秦從龍，次陳遇，此兩人皆仕元，明祖招致之，加優禮，亦皆先生而不名。明祖以秦從龍言聘陳遇，其書曰：

> 予惟胡元入馭，天厭其德。豪傑兵興，共爭疆域。黎庶流亡，天命歸予。歷思自古創業，誠難獨理。比聞先生世居江左，才兼文武；儻以生民為念，須弘恤患之心，（此六字據明書增入。）應天順人，敷陳遠略。與其弢光歛迹以全己，何如濟時行道以成仁。（「與其」以下兩句亦據明書。）拱俟車塵，起展素蘊。

此書在至正十六年丙申，明祖初克金陵時。其後屢授以職，屢辭不受。明祖嘉歎，連稱君子，且曰：「士之有志節者，功名不足以介意，其卿之謂乎？朕不強卿，以成卿之名。」秦從龍亦以白衣陪帷幄。二人皆仕元，而其從明祖也特早，又皆終身不受職，故皆終其身蒙禮遇而不衰。而陳遇之卒，已在洪武十七年丙子，厠明廷諸公卿間二十三年，嶙然不渝其初，尤爲難能。李卓吾藏書稱遇爲名臣第一。功名之際，洵所難言，而明祖之始終善視此兩人，亦實可稱。後世言明初開國諸臣，必舉宋、劉，少及秦、陳。特爲附著於此，以爲討論明初諸臣出處心迹者參考焉。

三　讀高青丘集

明初開國諸儒，籌謀功烈首推劉文成，學術文章首推宋景濂，而言詩則必推高青丘。余讀青丘詩，亦有可說者。其吳中逢王隨朝京使赴燕南歸云：

江南草長蝴蝶飛，白馬新自燕山歸。燕山歸，不堪說，易水寒風薊門雪。朝邸空隨使者車，禁闥不受書生謁。一杯勸君歌莫哀，歸時應過黄金臺。不見荒基秋來土花紫，伯圖已歇昭王死，千載無人延國士。（別有送王孝廉遊京歸錢塘一首，此詩殆自該首改作。）

國事不可說，書生不受謁，此與文成集中所詠殆無二致。牧齋歷代詩集小傳謂：「季廸身長七尺，有文武才，無書不讀，而尤邃於羣史。」觀此詩，乃謂燕昭死後，無人復延國士。雖屬詩人嘅歎之辭，然何得把漢、唐、宋諸代一筆抹殺？其心中筆下，並無夷夏之別，亦從此可證矣。

其登金陵雨花臺望大江云：

我懷鬱塞何由開，酒酣走上城南臺，坐覺蒼茫萬古意，遠自荒煙落日之中來。前三國、後六朝，草生宮闕何蕭蕭。英雄來時務割據，幾度戰血流寒潮。我生幸逢聖人起南國，禍亂初平事休息。從今四海永為家，不用長江限南北。

此詩已在召赴金陵纂修元史時。胡帝北遁，華夏重光，乃季廸所詠，僅以三國、六朝相擬，而曰「不用長江限南北」，其心中筆下，仍不見有華夷觀念之存在，不於此益見乎？

惟其於古樂府上之回章有曰：

瀚海通漢月，蕭關絕胡煙。願奉千齡樂，皇躬長泰然。

始見用胡、漢字。然細味詩意，亦僅曰烽煙永息，版圖斥廣，中國重見一統而已。其於元、明之際，驅胡狄而復中華之重大意義，則仍未及也。

其寓感詩二十首有曰：

盛衰迭乘運，天道果誰親。自古爭中原，白骨遍荆榛。乾坤動殺機，流禍及蒸民。生聚亦已艱，一朝忽胥淪。陽和既代序，嚴霜變肅晨。大運有自然，彼蒼非不仁。咄咄堪嘆嗟，滄溟亦沙塵。

則季廸於元末之動亂，亦僅曰爭中原而禍蒸民，乃自古常然之事；在其心中筆下，斷未有驅胡虜復中華之心意存在，豈不更昭顯乎？

其寓感詩又曰：

駑馬放田野，志本在豐草。偶遇執策人，驅上千里道。顧非乘黃姿，豈足辱君早。負重力不任，哀鳴望穹旻。奈何相逢者，猶羡羈絡好。

惟其於當時之事變，僅視爲尋常政權之爭奪，故其心澹然泊然，若可超然事外，於己無預。其不得已而出，則如野馬之橫被羈絡。明初諸臣，多抱此意態，不止季廸一人也。

然而明祖之思賢若渴，登賢若不及，則亦歷代開國所未見。青丘有放歌行，其辭曰：

雄鷄天上啼清曙，春滿咸陽萬家樹。諸侯客子盡西來，只道明時苦難遇。褐衣不脫見至尊，立談一刻皆承恩。賡詩已上柏梁殿，獻賦還過金馬門。大道易登平若砥，始信青雲纔尺咫。共喜嚴徐得寵榮，未容絳灌生讒毁。丹詔仍聞訪草萊，皇心務欲攬羣材。嗟君猶在新豐邸，日暮空歌歸去來。

夫以褐衣不脫而見至尊，較之帝閽之不受諸生謁者爲何如。季廸又有奮余新鄭詩亦曰：

用材不肯略疎賤，銖寸盡上天官衡。

則明祖之刻意搜羅，實可謂遠超於歷代之開國矣。然而諸儒不慕榮進，急求退避之心理，乃亦爲歷代開國所少有。牧齋列朝詩集小傳魯淵條：王逢贈詩曰：「相期文苑傳，獨立義熙年。」又劉養晦元末避亂龍頭山中，明興返故廬，堅臥不出，其詩有曰：「謝安原輔晉，李密固興唐。」此一輩士人志節所寄也。季廸送舒徵士考禮畢歸四明云：

寄語關門吏，休輕尚布衣。叔孫聊應召，周黨竟辭歸。赤日京城遠，蒼煙海樹微。送君還自歎，老卻故山薇。

是爲又一形態。詩中叔孫一聯，尤可代表明初羣士出處之心理及其行實。《皃藻集》有嫣雖子贊，亦謂：「暫起從徵，亟歸就養。進退從容，高風孰尚。」嫣雖子乃王彝常宗，以布衣修《元史》，又薦入翰林，乞歸。洪武七年，與季迪同與魏觀之難。季迪又有《喜家人至京》有云：

憶從初蒙使者徵，遠別田舍來京畿，小臣微賤等蟣蝨，召對上殿瞻天威。詔從太史校金匱，每旦珥筆趨彤闈。春遊禁苑侍鶴駕，冬祀泰畤隨龍旂。有時青坊坐陪講，宮壺滿賜霑恩輝。草茅被寵已踰分，不才寧免誚與譏。海鳥那知享鐘鼓，野馬終懼遭籠羈。江湖浩蕩故山遠，歸夢每逐鴻南飛。何當乞還棄手版，重理吳榜尋漁磯。門前親種一頃稻，婢供井臼妻鳴機。秋來租稅送縣畢，秫酒可醉鷄豚肥。誰言此願未易遂，聖澤甚沛寧終違。

天旋地轉，華夏重光，季迪邃於羣史，何以際此盛運，身蒙寵召，乃一無踴躍感激之意。且即以常態論，以一文人而任脩史陪講之職，亦宜無不可安者。況兼家人初至，乃轉增其思歸求退之心。此等意態，我無以名之，將名之曰：是時代之風氣，亦時代之心情也。

季廸又有京師苦寒詩，謂：

尋常在舍信可樂，牀頭每有松醪存。山中炭賤地鑪煖，兒女環坐忘卑尊。烏飛亦斷況來友，十日不敢開衡門。朅來京師每晨出，強逐車馬朝天閽。歸時顏色黯如土，破屋暝作飢鳶蹲。陌頭酒價雖苦貴，一斗三百誰能論，急呼取醉徑高臥，布被絮薄終難溫。卻思健兒戍西北，千里積雪連崑崙，河冰踏碎馬蹄熱，夜斫堅壘收羌渾。書生只解弄口頰，無力可報朝廷恩。不如早上乞身疏，一簑歸釣江南村。

可見其思歸求退，實是夙志。而於當前之世運民生，歷史大變，一若無動於中焉。雖曰健兒戍西北，國難未已，而徒恨書生無力可報朝恩，是豈心中情實之言乎？洪武三年修史工迄，擢戶部侍郎，自陳年少不習國計，且孤遠不敢驟膺重任，乃賜內帑白金放還。有辭戶部後東還出都門有作云：

遠水紅花秋艇去，長河宮柳曉鐘沉。還鄉何事行猶緩，為有區區戀闕心。

此殆亦一時由衷之言。蓋明祖之於諸儒，恩意禮遇，不可謂不優渥；良使季廸臨去，亦不能不稍有戀闕之心也。

其始歸園田二首有云：

乍歸意自欣，策杖頻覽遊。名宦誠足貴，猥承懼忝尤。早退非引年，皇恩未能酬。相逢初稱隱，不是東陵侯。

是時新朝方建，需才正亟。昔漢高初定天下，下詔求賢，曰：「賢士大夫有肯從我遊者，我與共安利之。」明祖不可謂無此心，且其求賢之情，實較漢高尤殷切；季廸蒙特達之知，受不次之擢，而盛年引退，此實難於自爲解說。觀此詩，雖曰懼忝，亦可見其內心之歉然矣。

又有贈薛相士一詩云：

我少喜功名，輕事勇且狂。顧影每自奇，磊落七尺長。要將二三策，為君致時康。公卿可俯拾，豈數尚書郎。回頭幾何年，突兀漸老蒼。始圖竟無成，艱險嗟備嘗。歸來省昨非，我耕婦自桑。擊木野田間，高歌誦虞唐。薛生遠拏舟，訪我南渚旁。自言解相人，視子難久藏。腦後骨已隆，眉間氣初黃。我起前謝生，弛弓懶復張。請看近時人，躍馬富貴場。非才冒權寵，須臾竟披猖。鼎食復鼎烹，主父世共傷。安居保常分，為計豈不良。願生毋多言，妄念吾已忘。

此詩題下附小注，云：「至正辛丑嘉禾，薛月鑑過予求詩，因贈。」則所謂「爲君致時康」者，宜指元廷言。始圖無成，乃欲於異族統治之下而高歌虞唐，季廸心中，徒知有一時之治亂，不知有百世之華夷，亦於比而見矣。牧齋歷代詩集小傳：「季廸仕明，舊爲魏觀屬官，觀守蘇，改修府治，季廸作上梁文。觀得罪，季廸連坐腰斬，時洪武七年，（一三七四）季廸年三十九。」上推元至正辛丑，乃至正二十一年，（一三六一）季廸年二十六歲。前五年，至正十六年丙申，（一三五六）張士誠入平江。翌年丁酉，士誠降元開藩。時季廸年二十二歲，避隱於吳淞江之青丘。此詩當在其時，已早萌遯退之意。而鼎食鼎烹，仕明廷者亦屬常事，則宜乎季廸之挈然求去而更不反顧矣。

余又讀季廸扣弦集，（附鳧藻集後。）有摸魚兒詞自適一首，曰：

近年稍諳時事，傍人休咲頭縮。賭棋幾局，輸贏注正似世情翻覆。思算熟，向前去不如退後無羞辱。三般檢束，莫恃微才，莫誇高論，莫趁閒追逐。雖都道，富貴人之所欲，天曾付幾多福。儻來入手，還須做底用，看人眉目。聊自足。見放著有田可種，有書堪讀，村醪且漉。這後段行藏，從天發付，何須問龜卜。

此詞不知作於何年，其在仕明之前乎？抑在仕明引退之後乎？今不可知。要之季廸一人之心情，亦即同時一般儒士之共同心情也。彼輩之有志用世，率在元之末季，經亂而萌退隱之意。其卒仕於明，則本屬意外，並多不獲已而出，固非踴躍以赴者。茲特舉季廸一人爲例，標而出之，以爲元、明之際論世知人之一助。

抑余讀季廸散文鳧藻集，雖篇章不多，而討論出處進退，獨占其大部分；故知此問題，實爲當時一般儒士之共同問題，亦元、明之際時情世態一特殊之點也。茲再摘錄敍述如次。

其送二賈君序云：

至正己亥，余閱江浙行省貢士目，有名祥麟、祥鳳者，其氏俱賈，蓋兄弟也。乙巳春，二君得代告歸，求贈言。余觀二君之名而有感焉。夫麒麟鳳凰，天下之瑞物也，出必當國家之治。不治而出，非瑞矣。二君今歸海隅，益習舊業，不急於其出，則所謂翔浮雲之表，游大野之外也。他日應時而來，和其聲，耀其文，則又為一時之瑞，不特瑞一家矣。

士處亡元之末葉，無意用世，相率遯隱，如宋景濂尤其皎皎者。季廸之勗二賈，亦此務此志也。

其蜀山書舍記有曰：

蜀山書舍者，友人徐君幼文肄學之所也。幼文自吳興以書抵余，曰：「吾山在城東若干里，吾屋在山若干楹，吾書在屋若干卷。山雖小而甚美，屋雖朴而粗完，書雖不多而足以備閱。吾將於是卒業焉。子幸為我記之。」予惟幼文以方壯之齒，有可用之材，而不急進取，益務於學以求其所至，豈非有志之士哉！而予也，北郭之野有土，東里之第有書，皆先人之遺也，日事奔走而不知返，宜有媿於幼文矣。

蓋當時羣士之隱退，非無意於用世，亦將以有待焉耳。然亦必有可以爲隱退之地，有屋有書，有田可耕，有山可藏。元雖不貴士，然其時爲士者之物業生活，則超出於編戶齊氓甚遠。此當縱論及於元代之社會情況及其經濟背景，非本文範圍所欲及。要之卽就明初開國諸儒之詩文集觀之，亦已例證顯然矣。故元代之士，上不在廊廟臺省，下不在閭閻畎畝，而別自有其淵藪窟穴，可以藏身。其物業生活之不足以爲士者，則多去而爲僧道，爲醫，爲風水師，爲相人業，如是之類，尚猶於士爲近。此乃中國歷史上士之一變相，其情況可於景濂以下諸家集中見之。若其出而從政，實未能大有所作爲，亦極於爲吏而止，非古之所謂儒也。故元之儒士，乃別有其一番學統文統之見解，憑以自安自飾。景濂集中之所稱道，卽元之羣士所共奉以爲楷模者。劉文成於同時儕輩中必首推景濂，亦是故也。惟其當時之爲士者，尚有物業生事可安，尚有學業文章傳統可游其心以自盡；故彼輩雖上不在政，而於朝廷多崇重之意，未嘗能廓開心胸，厝意於夷夏之辨；而於草野饑氓之羣起而作叛，亦未嘗無同情，而鄙賤之意態亦不能以自掩。劉文成最富經綸之抱負，其主張對治當時之羣盜者，其大政方針，一則曰脅從可撫，一則曰爲首必懲。彼輩之於明祖，其先亦何嘗不以羣盜視之。終爲其物業生活之自計，不得已而仕焉，亦何嘗有所謂驅胡虜而復中華之意氣乎！此皆與當時之社會情況與其經濟背景有關，此乃當時羣士心理癥結所在，而於其出處進退，亦可明其特殊背景與特殊心情之所在矣。

錢牧齋列朝詩集小傳張簡條引王元美曰：「勝國時，法網寬大，人不必仕宧。浙中每歲有詩社，聘一二名宿如楊廉夫輩主之，宴賞最厚。饒介之分守吳中，自號醉樵，延諸文士作歌。仲簡詩擅場，居首坐，贈黃金一餅。高季廸白金三斤，楊孟載一鎰。」此已在元、明之際，江浙社會經濟豐盈，詩文鼎盛；元廷雖不用士，而士生活之寬裕優游，從容風雅，上不在天，下不在地，而自有山林江湖可安，歌詠觴宴可逃，彼輩心理上之不願驟見有動亂，亦宜然矣。

季廸又有水雲居記，其言曰：

吳陵劉雨扁其室曰水雲居，請余為之記。雨曰：「吾少家江海之上，嘗觀夫洪波東馳，浮雲飛揚，吾則拏舟以娱，泝洄瀾，逐流景，與之俯仰而上下，心甚樂焉。今雖幸處轂下，顧以無材不能備世用，欲歸還鄉，復從二物者遊，故名吾室以志之。」余告之曰：「雲之與水，非隱者之所宜從也。子見其滔滔於江湖，悠悠於寥廓，若無事然，謂與己適相類也，欲狎而與之遊。然不知舒布覆被而雨四海者雲也，奔走放注而溉千里者水也。彼皆有澤物之勞焉。子乃以無事求之，吾悲水遠逝而雲高飛，皆將去子而不顧，尚得而與之遊乎？子今遭逢明時，當奮揚其光英，涵泳其德性，進用於世，使所施有及於人，則二物者，皆卽在子之身，無所往而不與之俱，又何求於渺漫杳靄之鄉乎？」

孔子曰：「吾非斯人之徒與而誰與。」季廸此文，罕譬而喻，亦可見季廸心中固非必歸於爲堅瓠之隱矣。

季廸又有野潛稿序，其言曰：

晉陵徐君，出其詩曰野潛稿，囑余序之。夫魚潛于淵，獸潛于藪，常也。士而潛于野，豈常也哉？蓋潛非君子之所欲也，不得已焉爾。時泰，則行其道以膏澤於人民；時否，故全其道以自樂。時可潛矣而欲求乎顯，則將枉道以徇物。時可顯矣而欲事夫潛，則將潔身而亂倫。故君子不必於潛，亦不必於顯，惟其時而已。當張氏擅命東南，士之摳裳而趨，濯冠而見者，相屬也。君獨屏居田間，不應其辟，可謂知潛之時矣。然今亂極將治，君懷負所學，可終潛于野哉？

此亦論進退顯潛之正義，而勉人以進也。

又有送徐先生歸嚴陵序，謂：

嚴陵徐先生大年，被召至京師，與脩元史，書成，詔擇纂脩之士官之，先生以老乞還甚力，會議脩五禮，復留之。未幾，書又成，先生固申前請，大臣知其志，不欲強煩以事，乃命有司具禮傳送以歸其鄉。有言者曰：「先生之學，宜備顧問，先生之文，宜掌綸綍。先生之經術操履，宜在成均為學者師。今皆不可得，顧令以布衣老於家。歸雖先生之志，然豈不為司人物之柄者惜哉？」余進而解之曰：「皇上始踐大寶，首下詔徵賢，又責郡國以歲計貢士，欲圖治平，甚盛舉也。故待賁山澤者，羣然蓮庭，如水赴海，而隱者之廬殆空矣。先王之為政，莫先於順人情，亦莫先於厚民俗。力有所不任者，不迫之使必為。義有所可許者，必與之使遂。所以人之出處皆得，而廉恥之風作矣。今先生以齒髮非壯，厭載馳之勞，戀考槃之樂，上之人不違其請，蓋將縱之山林，使其鳥飛魚泳於至化之中，以明吾天子之仁，又將以風厲海內，使皆崇退讓而息躁競也。順人情而厚民俗，實在於是。故寧失一士之用而不惜，以其所得者大也。況先生之歸也，必能著書立言以淑諸人，詠賦歌詩以揚聖澤，則又非潔身獨往而無所補者也。」若余遭逢明時，不能裨益萬一，懷恩苟祿而不去，於先生蓋有愧焉矣。

胡元腥穢之治垂八十年，一旦盪滌廓清，與民更始，在上者望治殷而求賢切，雖一時聞風而來者未必皆賢，然其賢者實亦無拂衣必去之理。季廸此文，不從在下之求去言，乃從在上之許歸言。在下者既志在求去，在上者亦不當堅縶不放，順人情，厚民俗。持義正而所見遠，不啻爲求去者開一坦途。然季廸之自身乞退，則仍不能圓其説。年力尚強，又無老親，乃必一意而求去，是非欲潔其身而亂大倫乎？在下者相率以求退之大義要其上，乃使在上者積忿內藴，明祖之禮士甚至，而其待士也亦甚酷。而季廸之終以盛年乞退牽累受極刑，惜哉惜哉！

蓋明祖之網羅羣士，用心亦良苦。天下初平，百端待理，何暇遽爲勝朝修史？而洪武二年，即詔修元史，徵山林遺逸之士十六人共其事，正爲牢籠諸賢設耳。牧齋詩集小傳：「大兵入燕，危素趨所居報恩寺入井，寺僧大梓力挽起之，曰：『國史非公莫知，公死，是死國史也。』兵垂及史庫，言於主帥，輦而出之，累朝實錄得無恙。入國朝，甚見禮重。」明祖殆有感於此，心知修國史可以徠多士也。小傳又云：「上一日聞履聲，問爲誰？對曰：『老臣危素。』上不懌，曰：『我道是文天祥來。』遂謫和州。」史亦稱明祖言：「素元朝老臣，何不赴和州看守余闕廟。」清黃式三儆居集讀嚴刻危太樸集云：「危氏之仕於明，猶草廬之仕於元也。」危氏序草廬年譜云：「屢聘而起，無意爲世用。」危氏以六十餘齡之殘軀，而值鼎革之運，豈其有所覬覦也邪？危氏以上書不報，退居房山四年，及順帝已北，帖木兒花監國召之，復官僅一日而明兵入燕，是其人固在可以死、可以無死之間者。聲譽既高，明太祖召之，不能不出，而宋潛溪作墓誌云：「公春秋已高，雅志不仕」，非虛語矣。明太祖自喜以夏變夷，鄙其不知時而詆之。黃氏此評，可謂無識。草廬無意爲世用，是其心猶知有夷夏，乃不欲以漢人爲胡元用也。危素之雅志不仕，特不忘胡廷，乃不欲仕新朝耳。元酋已北遁，素猶不惜一出其身，復官僅一日而明兵已入燕，其爲人之無識可想。而當時羣士競重之，明祖亦不得不加禮，反感內鬱，一時激發，亦可見當時上下心情之睽隔爲何如矣！而明祖之薄待當時之羣士，其心情豈不亦有所可諒乎？

又有黃昮殷士，金溪人，仕元爲翰林待制，兼國史編修官。燕京既破，歎曰：「我以儒致身，累蒙國恩，爲冑子師，代言禁林，今縱無我戮，何面目見天下士。」將投居賢坊井中，從人午出之曰：「公小臣，死社稷耶？」昮曰：「齊太史兄弟皆死，彼不小臣哉？」則紿午還舍取告身，午喜，還報，已浮屍井中矣。事見傅維鱗明書危素傳。素與昮同邑，少同學，相約死難，而素卒瞻顧不決；是素之爲人，固不得比文天祥與吳草廬，亦復有愧於黃昮！

又按：四庫總目有危素說學齋稿四卷，乃嘉靖三十八年歸有光從吳氏得素手稿傳鈔，吳玉搢四庫提要補正引吳氏繡谷亭薰習錄有說學齋稿一卷，云：「震川歸氏校定本，凡錄文一百三十七首，以賦、頌、贊、記、序爲次，而編不分卷，文不聯牘，每篇自署甲子而已。有光跋稱尚有其半而軼矣。余以所記甲子考之，止於乙未之歲。乙未爲元順帝至正十五年，是歲明太祖起兵，自和州渡江，更十有四年而元亡。此十餘年間，正當南北兵戈倂擾之際，素以史事自任，其間豈無憂時憫世之作。迨身歷承平，雖登禁從，而亡國之餘，聲華銷爍，卒致觸諱。此稿之軼，非無故也。志傳稱其集五十卷，大抵未有成書。」今按：吳氏此項推想，大非無因，惜今已無可得其軼稿而詳論之。然卽如余所舉明初諸臣集，其皎皎可考者，當時羣士心情，已昭然若揭，則危氏一集之軼，正亦無足深惜耳。

今再論當時明廷之修史，其意實不重在修史。修史匆匆既畢，廷意方欲官修史諸人，而諸人乃相率乞去。不得已乃重修禮書。禮書又匆匆修畢，諸人又復相率求去。而此諸人，正是一時羣士眾望所歸，則無怪明祖反感內鬱之益深。歷代開國，聞誅功臣矣，未聞誅羣士也。明初此一悲劇，夫亦多方有以促成之。季廸亦以修史被召，尋入內府教功臣子弟，不遽責以吏事。在明祖，不可謂非已盡其優厚寬待之意。一日，驟擢戶部侍郎，季廸乃直辭求去，乃賜內帑白金放還；此豈明祖所心樂？雖在季廸亦心存不安。今鳧藻集中乃有志夢一篇，謂其與同辭歸者謝徽兩人，同時兩得官，一乞歸，皆先有夢，夢皆驗，因謂「得喪之數固皆定於冥冥而無逃」，以戒世之役智力而鶩馳者。余竊疑焉，無乃季廸之故爲遁辭以自解脫其拂衣求去之無情歟？而季廸亦終以不免，良可惜矣。

季廸又有歸養堂記，謂：

稽岳王常宗父，文行高峻，以布衣召修元史，書成，同館之士咸得賜金幣遣還，有欲薦入禁林者，常宗辭曰：「吾母老，不樂去其鄉，旁又無他子侍養，吾亟歸爾。」有疑者曰：「吾聞爲養而出仕，未聞舍仕而養也。」余曰：「不然，為養而仕，抱關於其鄉，不必去其親也。不舍仕而養，以受命有方，王事之靡盬也。養雖常宗之志，歸則朝廷之賜，名堂以示不忘，忠孝之義在矣。」

此又以朝廷之賜歸美其上，而不悟賜者之非出於眞誠。上下睽隔，情乖志離，藉端誅鋤之禍，遂此釀致，此非明初開國一至可遺憾之悲劇乎？其相激相盪之勢，治史者宜平心其揭發底蘊，固不得一切歸咎於偏面也。

季廸又有安晚堂記，謂：

同里朱君炳文以郡薦就試春官，既雋而將歸，曰：「天賚吾家，使二親康強具存，嘗築堂奉之，寬閒靜深，可以燕娛，欲吾親之優游於是以樂其老，自題曰安晚，願為記之。」余謂孝子之安其親，宜無時而不然，何獨於其老哉？若夫安之亦有道，必也居而脩諸身，出而事於君，皆盡其道，無一足以貽親之憂，則善矣。不務於是，而惟以口體之養為安，豈未知其本哉？

此論辭婉而義正。當時羣士方競以不仕歸臥爲高，固非所以安天下，亦非所以安其身與親之道也。若得季廸此論，上下一心，以安天下而兼安其身與親者爲務，則豈不爲美哉？

余又按傅維鱗明書簡祖英傳，祖英嘗仕元，徵赴闕，燕勞之，賚以縑帛，不受。以爲建平知縣，不拜。以母老疏辭。其略曰：

臣祖英九歲失怙，惟慈親鞠育。少長知學，冀或用世，酬罔極之恩，臣之志也。向以叨食元祿，為何左丞眞參佐，適值三山強寇，剽掠廣城，一門妻女，死節者五人。老母陳氏，為所拘囚，臣隱忍不能卽死，有愧石苞多矣。茲過聖朝維新，率土效順，臣母生還，雖不孝之罪難逃，而得以展其區區羝烏私情者，陛下之賜也。臣母子離散復完，白骨再肉，銘感聖德，雖九死其何能報？陛下復加甄錄，寄以民社，此正臣隕首思效之秋也。而臣逡巡不敢拜命者，以罪戾已深，不宜職在民牧。欽惟聖朝，以孝道治天下，以仁心懷遠人。臣經事元朝，幸已逃誅，母年逾耄，孤苦特甚。伏望聖慈，矜其愛日之短，俾遂歸養之願。則臣母子拭目清平，謳歌聖德，為幸大矣。今臣年四十有九，老母年八十有一，西山之日，其來幾何？苟違親而事主，陛下安所用之？

上從其請，終老於家。然則仕元者不再出，以養親爲辭，明祖固不強挽，亦不心懟。許以如志，得獲善終。如此之例，尚亦多有。則一時延臣之多遭罪戾，固不得盡責之在上者可知矣。又簡祖英罪惟錄入逸運外臣傳，並謂其陳情書「稱元而不云偽朝，卓哉不撓之節」，是亦同可徵明祖之寛大。

季廸又有槎軒記，謂：

眾槎之流，同寄於水，而洄薄蕩汩，或淪於泥沙，或棲於洲渚，或為漁樵之所薪，或為蟲螘之所蠹，或乘洪濤，東入於海，茫洋浩汗，莫得知其所極。而亦有一槎焉，或蟄或浮，或泛或止，方此倏彼而不可期者，水實使之也。然槎雖寄於水，而無求於水；水雖能使槎，而無意於槎；其漂然而行，泊然而滯，隨所遭水之勢爾。水蓋未嘗有愛惡終槎，而槎亦不知有德怨於水也。若余，天地間一槎也。其行其止，往者既知之矣，來者吾何所計哉。顧吾槎方止，幸不為薪且蠹，則是軒者，其淪棲之地乎？

此文作於洪武六年之秋，其身已退，方自幸其一槎之得止而不爲薪且蠹，而翌年即遭腰斬之慘刑。季廸何不知人之於世，固不當以槎之於水相擬。人不能無求於世，世亦不能無所愛惡於其人，而奈何方以偶得止而不爲薪且蠹自幸，卒乃遭此酷毒，惜哉惜哉！若以此文較之其水雲居記之所云云，相去豈不遠乎？季廸邃於羣史，殆猶未聞夫儒者安身淑世之大道，殆猶未免爲時代之人物，乃亦同陷於此時代悲劇中，惜哉惜哉！

季廸又有婁江吟稿序，其文曰：

天下無事時，士有豪邁奇崛之才而無所用，往往放於山林草澤之間，與田夫野老沉酣歌呼以自快其意，莫有聞於世也。逮天下有事，則相與奮臂而起，勇者騁其力，智者效其謀，辯者行其說，莫不有以濟事業而成功名，蓋非向之田夫野老所能羈留而狎玩者，亦各因其時焉爾。今天下崩離，征戍四出，可謂有事之時也。予生是時，實無其才，故竊伏於婁江之濱以自安其陋。

時登高丘，望江水之東馳，百里而注之海，波濤之所洶歘，煙雲之所杳靄，與夫草木之盛衰，魚鳥之翔泳，凡可以感心而動目者，一發於詩。蓋所以遣愛憤於兩忘，置得喪於一笑，初不計其工不工也。

此文殆在張氏據吳時，季廸避居青丘之所作。此即野潛稿序所謂：「耦耒耜之夫，謝干旄之使，匿耀伏跡於畎畝之間，眞可潛之時也。」然及洪武開國，亂極將治，君子不當終潛於野。季廸之爲人謀者是矣，奈何其自處而復不然。此殆非季廸一人之咎。觀於前引季廸諸文，可見其斟酌而未盡、徘徊而莫決之苦。治史者貴能論世以知人，我所謂時代之風氣，時代之心情，當博觀會通以深求其所以然，非憑一人或一事之所能率爾論定者。讀者會其前後而觀之，亦庶可瞭解此一時代悲劇之所由形成矣。

季廸又有送江浙省掾某序，其言曰：

近代之取人者有二焉，曰儒與吏。夫吏固儒之一事，非可以並稱也。詩書禮樂，所以明道，律令章程，所以從政。不明乎道，則無以知出治之本。不從乎政，則無以周輔治之用。二道既分，儒忽吏為末，而謂之不足為。吏訾儒為迂，而謂之不足用。各視時之所尚以相盛衰，其為弊也久矣。國家自失承平，在上者欲其嚴辦以供一切之需，故任吏尤專重，而儒有弗及者矣。嗚呼！豈非其惑歟。亦竊求其故矣。蓋謂今之儒未及於古，不足以稱上之所使也。夫儒不能盡為古之儒，吏亦豈能盡為古之吏哉？是但知垂紳䌫纓，空言而不切於事者之非儒，而不知磨鉛削牘，拘法而不通夫義者之非吏也。余故嘗感歎而思之，以凡在上者亦過矣。既又思之，亦儒之過焉。茍不以吏為不足為而兼通之，則周夫輔治之用，而其道豈不行乎？

此文作於元時。元政大弊，端在重吏而忽儒。明祖之起，其敬禮而羅致之者固多儒，且亦以儒道而羅致之。然其所以錄用之者，則仍未免循元之弊。蓋以舊之用吏者用儒，儒有不能吏事者，亦有不願自屈爲吏者。方其未仕，敬禮之，優渥之，皆所以崇儒也。及其既仕，束縛之，馳驟之，皆所以馭吏也。在上者心切望治，有其可諒。而在下者之不安不樂，寧求隱退以自全，亦有未可一概而議者。此其所以成爲一時代之悲劇，而使治史者驟難於評判其是非之所在也。

季廸又有評史六篇，首篇商鞅與范雎，謂：

二人者雖皆不足言，然雎為猶勝。進退禍福之幾，觀鞅、雎之事，後之人亦可以少鑒矣。

然季廸以盛年退隱，務求爲范雎，而終不獲其死，是亦良可慨矣。

余又讀洪武實錄，十二年十二月，上謂禮部諸臣曰：

朕自臨御以來，十有二年，思得賢士以熙庶績，然山林幽遠博學老成之士，匿德藏光，甘於窮處，非招徠之不肯輕出。宜下有司悉心推訪，禮送於朝，朕將顯用之。

十三年六月召儒士劉仲海，敕曰：

朕以菲薄，深知寡昧，夙夜孳孳，思與海內賢哲之士共底隆平。雖求之日切，而至者恒寡。

是時明祖求賢懇切忍耐之意尚可見。及洪武十八年定大誥，其十條云：「寰中士夫，不爲君用，罪皆至抄劄。」次年復作續編、三編。刑法志：「大誥者，患民狃元習，徇私滅公戾日滋。凡三誥所列，凌遲、梟示、種誅者無慮千百，棄市以下萬數。」林鴻父翰仕元，棄官爲黄冠，棲永泰山中十年，太祖聞其賢，詔有司強起之，遂自死，見獻徵錄。許存仁告歸，或曰：「主上方應天順人，公宜稍待。」不聽，卒忤旨，逮死獄中。貴溪儒士夏伯啟叔姪斷指不仕，蘇州人才姚潤、王謨被徵不至，皆誅而籍其家。如此之例，覼縷難盡。談遷國榷引何喬遠曰：「大誥之篇出，人人惴慄，吏畏民馴。其時徵辟之士，有司督趣，如捕罪囚；仕於朝者，多許死佯狂，求解職事。自非剛敏博達之士，溫恭毖畏之臣，焉能勝其任而遇合乎！」一時君臣乖違，相激相盪之勢，於此可見。大誥之勒定，在季廸死後十一年。仕求亟去，既成爲明初羣士之共同心理，季廸生前又屢發上宜寬放之高論以助益其風。身既不免，而激流衝盪，一至於是，亦季廸所未料也。

又按：史稱季廸嘗賦詩有所諷刺，帝嗛之。朱彝尊靜志居詩話謂：「世傳侍郎賈禍，因題宮女圖詩，云：『女奴扶醉踏蒼苔，明月西園侍宴回。小犬隔花空吠影，夜深宮禁有誰來。』孝陵猜忌，情或有之。然集中又有題畫犬詩云：『獨兒初長尾茸茸，行響金鈴細草中。莫向瑤階吠人影，羊車半夜出深宮。』此則不類明初掖庭事。二詩或是刺庚申君而作，好事者因之傅會也。」今按：明初之誅殺羣士，豈在於詩文筆舌之間。若余之所闡論，季廸之不保首領以歿，殆決不在吟詠。

又明史載朱同坐事死，而不著其詳。蔣一葵堯山堂外紀云：「同以詞翰受知，宮人多乞書便面，一日，御溝有浮尸，帝疑之，遂賜死。」四庫提要有朱同覆瓿集，謂外紀說頗荒唐，未可信。陳田明詩紀事甲籤論此云：「據覆瓿集，有遭誣得罪，賦詩見志云：『四十趨朝五十過，典章事業歷研磨，九重日月瞻依久，一代文章制作多。豈有黃金來暮夜，祇愁白髮老風波。歸魂不逐東流水，直上長江訴汨羅。』證其以贓罪見誅，而其遭誣亦可見。」在當時，固亦有不求隱退，一意欲作忠良股肱而不得免者，卽如宋潛溪、劉誠意亦僅免而已，則季廸縱不乞身而退，亦寧必保其首領以歿？至於世傳其題宮女詩賈禍，正猶如朱同多爲宮人書便面得罪云云，是皆不足深辨也。

四　讀蘇平仲集

蘇伯衡，字平仲。婺之金華人。仕明爲翰林院編修，乞告歸養。景濂以翰林承旨致仕，薦以自代；召至，復固辭，賜文綺遣歸。後起教授處州，以表箋忤旨坐罪，卒於獄。集前有伯溫、景濂兩序，伯溫之序曰：

元承宋統，子孫相傳，僅過百年，而劉、許、姚、閻、吴、虞、范、揭、歐、黄之儔，詩文皆可垂後，則由其土宇之最廣也。大明撫運，土宇之大上軼漢、唐，下與元同而廣於宋，雖混一未久，而高文宏辭，已有若翰林諸公，余故人蘇平仲其一人也。

此文在洪武四年，平仲以翰林編修得告歸金華時作，所引辭與今刊入文成集者有不同。前文成集所引，殆是伯溫存稿，直道心之所欲言；此引則辭多寬假，乃門面語。校其異辭，而伯溫之内心昭然若揭矣。

平仲集中有代翰林院勸進表，有國子學賀登極表，有代翰林院賀登極表諸篇，皆僅言開國，不及攘夷。其范氏文官花詩序有云：「宋德既爽，元入中國。元德既爽，皇明膺運。」其敍三代之興亡禪遞，殆猶夏、殷之後有周爾。其虞文靖公眞贊，謂其：「接羣儒之統緒，煥一代之人文。」則平仲心中之元，與劉、宋諸人所存無大異。

有遂初先生鄭君謚議曰：

先生涵茹六經羣史之說，研究性命道德之蘊，考求聖賢行藏之故，炳知內外輕重之辨。自放山林，無求於世，作為文章，有志明道。在前代，則持使節者交章薦舉，署學校官而不赴。入國朝，則求賢之使，臨門勸駕而不起，譬如冥鴻翔乎寥廓，弋人雖慕之，而不得羅致之。則其為學之效，又焉可誣也。

則其論出處進退，亦復情有偏注，可爲當時羣士心理之代表。牧齋列朝詩集小傳引其贊戴良畫像曰：「其跋涉道塗也，類子房之報韓。其徬徨山澤也，猶正則之自放。」其偏向之情更可見。今此贊不見集中，豈戴良得罪死而避忌刪去乎？

集中又有南野堂記，謂：

平陽張君子玉，家於坡南，居而安焉，安而樂焉。余觀在昔君子，獨樂山林，與世相忘，必天下承平而後遂。今子玉得託於田夫野老，日婆娑坡南，以適其適，蓋由遭逢聖時也。向使夷夏未一，甲兵未戢，田里未安，里有桴鼓之警，門有追呼之及，子玉縱不與齊民奔命，能無憂思慷慨乎？坡南雖勝，亦豈能獨樂哉！然居之勝如坡南，無地無之，自混一以來，何地不可居，而世之士率不甘浮湛閭巷中，慕當世之爵祿，求自異於稠眾，不量力而冒進，不旋踵而傾覆者，皆是也。於是益知子玉之為賢，非他人所得而及也。

非太平則不得安隱，此義易知。然謂混一卽是太平，此則沿自元儒心理，故外於民生治制而可以別自有其道統文統之寄也。然亦由明祖以嚴刑御羣下，乃使當時之士，益增其求退之情，於此文蓋可見。

集中有元故廣德路平準行用庫副使郭君墓誌銘，謂：「昔有元以吏治撫諸夏，富貴之資，公卿之選，胥此焉出。」又有商山舊隱記，謂：

國家興王之初，庶事繁夥，非刀筆簿書，則無以記載施行，而吏由此見重。被選者覬幸速化，夤緣柄用，固亦多矣。不量力而任逾於器，不旋踵而觸罪罟以隕其軀者，其豈少哉？

此言元尚吏治，明之開國亦復不免。倖進之徒多以罹禍，而懷道之士遂益急求退，此亦當時一實情。然在上者求治之心既切，而在下者求退之意亦不免於過迫，相激相盪，而使心存恬退者不獲善終，如季廸、平仲諸賢，均爲此一時代之悲劇人物。後之讀史者，所由低徊往復而不得不深致其悼惜之意也。

集中又有送樓生用章赴國學序，謂：

於戲！朝廷待諸生之優，誠前所未有。諸生生今之世，居今之學，不謂之厚幸，可乎哉！雖然，勝國之於諸生也，取之難、進之難、用之難者，無他，不貴之也。不貴之，以故困折之也。國朝之於諸生也，取之易、進之易、用之易者，無他，貴之也。貴之，以故假借之也。夫困折之，則其求之也不全，而責之也不備。假借之，則其求之也必全，而責之也必備。諸生生今之世，居今之學，吾見其易成名也，吾知其難為稱也。吾所為喜且懼也。

此亦當時一持平之論。貴於士，求全而責備，此亦明祖用人心理一癥結也。

解縉之奏曰：

陛下進人不擇賢否，授職不量輕重，建不為君用之法，所謂取盡錙銖。置朋奸倚法之條，所謂用之泥沙。監生進士，經明行修，而多困州縣。孝廉人才，冥蹈瞽趨，而或布朝省。椎埋嚚悍之夫，剔履負販之傭，朝捐刀鑷，暮擁冠紳。左棄筬筐，右綰組符。雖曰立賢無方，亦盍忱詢有德。是故賢士羞為等列，闒冗習其風流，以貪婪苟免為得計，以廉潔受刑為飾詞。出於吏部者無賢否之分，入於刑部者無枉直之判。天下皆謂陛下任喜怒為生殺，而不知皆臣下之少忠良也。

此奏談遷國榷錄在洪武二十一年，亦可以見明初用人之一斑，與平仲之文互證焉。

五　讀貝清江集

錢牧齋列朝詩集小傳：「貝瓊，年四十八始領鄉薦。張士誠據吳，隱殳山，累徵不就。洪武三年徵修元史，六年除國子助教，八年遷中都國子學助教。十年致仕，明年，卒於家。」朱彝尊曝書亭集貝瓊傳稱：「十一年九月致仕，明年卒。」吳續疑年錄，謂其生年當在元延祐四五年間。（一三一七—一三一八）今按：清江集甲辰元旦詩：「五十今朝過，談經滯海濱。」甲辰爲順帝至正二十四年，（一三六四）上推五十一年，應爲仁宗延祐元年甲寅，（一三一四）吳氏推誤。自此下推四十八年則爲至正二十一年，（一三六一）乃瓊領鄉薦之年。又其前二年，宋、劉、章、葉已至建康，其下二年張士誠稱吳王。洪武三年（一三七〇）始仕明，則瓊年五十七。

清江集有徐一夔序，謂：

元季文章鉅家，如虞、揭、歐、黃相繼物故，而宣城貢公泰甫，河東張公仲舉，臨川危公太樸，新安程公以文，四三君子者，亦各以宏才碩學，居朝廷製作之任，聯芳而繼響。時會稽楊公廉夫以名進士屏居吳淞江之上，嘯傲煙月，亦以詩文自豪，有凌轢古今、磅礴宇宙之意，殆若不以臺閣為泰，江湖為戚者。一時及門之士，先生蓋其傑然者焉。余評其文，馳驟奇崛，才贍而氣雄，惜其盛年遭時不偶，浮湛田里之間，山林之下，念有所屬，亦時吐出胸中之奇，以泄其無聊不平之思。及值維新之朝，起自布衣，會國家方育材興治，第所居官以訓廸為職業，而長篇短章，亦不過應四方知己之請；而所以敷張神藻，潤飾鴻業，以鳴國家太平之盛者，則亦未見其有數數然者焉。

一夔此序，作於貝氏之身後，其於元、明易代大關節，平平敘過，而於元季文章之盛，廷臣師承所自，則娓娓道之，若有餘情。其於清江一集，亦若同情其在元山林田里之文，而於仕明以後，則深惜其不獲大用，如元時貢、張、危、程之居朝廷製作之任焉。此見當時羣士心理之狹隘，若謂可以不問國事民生而別有文章之盛者。卽如宋景濂，豈不居朝廷製作之任，然同時文人亦復羣議其不如元之諸鉅公，並有謂其館閣之文不如山林之文者。則何怪於清江一集，其仕明以後之作之不足以厭羣望乎？

今之慕西化者，大有抱歐美月圓勝過中國之感；明初開國羣臣大覺新朝不如勝國，亦早有其例矣。

清江集有乾坤清氣集序，謂：

有元混一天下，一時鴻生碩士，若劉、楊、虞、范，出而鳴國家之盛，而五峯、鐵崖二公繼作，瑰詭奇絕，視有唐為無愧。或曰：「劉、楊而下，善詩矣，豈皆李、杜乎？」則應之曰：「韶濩息而鼓吹作，袞冕棄而南冠出，固有非李、杜而李、杜者也。」前輩采而輯之曰皇元風雅，亦既行之於世。錢唐金弘氏，精選當代作者凡三十餘人，題其集曰乾坤清氣，後生新進，法諸古，參諸今，始可與言詩之味矣。

蓋當元之世，文人自矜，必欲媲元於唐；羣論成俗，廷臣亦無以自異也。

又有隴上白雲詩稿序，謂：

余在錢唐時，與二三子錄中州詩，總若干首，成編，題曰乾坤清氣。蓋元初文治方興，而吳興趙公子昂，浦城楊公仲弘，清江范公德機，務鏟宋之陳腐以復於唐。其相繼起於朝者，有蜀虞公伯生，西域馬公伯庸，江右揭公曼碩，莆田陳公衆仲。在外則永嘉李公五峯，會稽楊公鐵崖，錢唐張公句曲，而河東張公仲舉，亦留三吳，以樂府唱酬。金春玉應，駸駸然有李、杜之氣骨，而熙寧、元豐諸家為不足法矣。下至四明黃公伯成，曲江錢公思復，亦皆卓然可觀。若天臺林顯之所著龍上白雲稿則未及見，且欲徧采四方之遺，兵變而輟。

此序作於洪武十年，距其編乾坤清氣集已三十年。朝代已易，天地已變，廷臣親仕明廷，而心存元世，其歷數元代詩人，猶若不勝其興奮嚮往之情者。又必欲謂其越宋而攀唐，幾乎家太白而集杜陵，而不覺其出言之有慚。若爲此於元之季世，子誠元人也，則知元而已矣，是猶可也。今親爲新朝掌教職，爲文學之臣，苟非其心誠謂其若是，則何爲言之若是其娓娓乎？周雖舊邦，其命維新；今以言夫明初，則明雖新邦，而其情維舊矣。此雖廷臣一人之言，然使舉世羣士不以爲然，廷臣亦不敢爲此逆情違衆之言也。

其詩有五言書事二十韻，謂：

> 父老歌延祐，君臣憶至元。清光回日月，喜氣入乾坤。不意經淪喪，相圖事幷吞。管葛眞難致，孫吳莫易論。如何輕大業，俱是竊殊恩。飄零從老去，局促偶生存。醉憶劉琨舞，狂興阮籍言。登臨只灑淚，去住總銷魂。

此詩經亂思昔，猶之歷天寶而數開元也。廷臣非用世才，然其於故國舊君，思欲有所靖獻，則固未入明前之一番抱負，亦無以異於明初之其他諸士也。

又有送潘時雍歸錢塘詩，謂：

子實濟時具，飛騰方在茲。匠石既已遇，小大隨所施。從容宰相前，奮舌論安危。豈無一尺箠，盜賊不足笞。

是廷臣雖不自得志，猶望之友生，而謂盜賊之不足平，中興之猶可冀矣。惟以清江一集較之劉誠意集，則意氣之間相去甚遠。蓋伯溫抱濟世才氣，終思牛刀一割；而廷臣乃文士，則亦僅見之於感慨與期望，而感慨亦不深，期望亦不摯；惟其心存昭代，則終自不可掩耳。

然余讀清江集，實亦有超越一時之見，流露於不自覺者，此亦不可不表而出之。集中有復古堂記，謂：

孔子生春秋時，往往傷今之不如古，則春秋已非古矣。矧距孔子二千餘年，中國胥淪於夷，至變其嗜好，變其語言，先王之法，蕩然無復存者，可勝歎哉？有能以復古為事，豈非性之獨異乎人，出於氣習薰陶之外也。

此文據四部叢刊本，乃作於洪武一年歲丁巳冬十月。按：丁巳應爲洪武十年。丁未乃元順帝至正二十七年，明祖定是年爲吳元年，是年十月，遣徐達、常遇春北定中原。翌年，明祖以吳王卽皇帝位，定號曰明，建元洪武。通觀此文之全體，殆不似作於洪武之十年，疑丁巳當是丁未之誤。則此文正作於元、明易代之際，而稱「洪武一年」，蓋是洪武建元後改定，已不欲復以至正紀年也。文中謂「中國胥淪於夷，先王之法蕩然無存」，卽此兩語，可稱朝陽鳴鳳矣。

集中又有東白軒記，謂：

自周之遷，歷春秋戰國，則既昏而白於漢。自漢之亡，歷南、北六朝，則既昏而白於唐。五季大亂已極，至宋始白。而禮樂文物為近於古。宋訖而中國復淪於夷狄，君子於此蓋深傷之，必有繼宋之白於百年之後者。越二十年而大明肇興。

是於二十年前而廷臣已有此言。故曰：

余既喜其言之符，嘗欲為說以著其無往不復之理，而姚江虞玄佐氏，有讀書之所，題曰「東白」，命其從子來謁記，乃書以復之。

今不論二十年前能爲此言者有幾人，卽二十年後肯爲此言者又幾人，後之考文讀史者，獲覩清江一集復古堂、東白軒兩記，亦庶可稍釋其所遺憾矣。

然廷臣本非幹濟才，情不存於進取，其赴召留別諸友詩云：

用世非拙迂，白首在山林。詩書況久輟，禮樂非所任。王事忽相縻，遂令違我心。迢迢適西道，惻惻辭東岑。中田澤雉雊，古木鶬鶊吟。所親亦胡越，耿耿辰與參。愁來一回首，涕下徒霑襟。終當反田里，灌園希漢陰。

時已洪武三年，元帝北遁，天下方一。朝命初頒，而赴召時之心情如此，餘可想矣。

其「四月十日兒子翺翻來鳳陽，留一月，遣歸，因令早營草堂殳山下爲止息之所云」一詩，謂：

既非匡世資，庶遂陶阮逸。

其乞告得歸，蓋亦六十五歲矣。

集中有古意三首，其一云：

六國多好士，堂上各三千。所親苟不愼，禍福恒相因。李園賊黃歌，馮驩復田文。種桃得秋實，蒺藜徒刺人。

時明祖既多方求賢，天下聳動，朝廷大臣殆亦多務延攬。胡維庸傳稱：「四方躁進之徒，及功臣武夫失職者爭走其門。及誅，連坐死者至三萬餘人。」廷臣此詩，殆亦目擊有感。則其時雖多恬退之士，更多躁進之徒。惟多不賢之躁進，乃益堅賢者之恬退。明初既用士無制，而誅士亦無度，革命之際，一切草創。五季無士，宋祖乃以「不戮士人」之家教傳譽後代。元末多士，明祖乃以草菅士命貽譏載籍。史迹之變，有未可資一端以爲論定者。而在明初羣士中，廷臣終亦克保首領以沒，則士之自處，亦非盡在幸、不幸之兩邊也。

六　讀胡仲子集

余讀明初諸臣集，有一人焉，當爲大書特書者，曰胡翰仲申，有仲子集。錢牧齋詩集小傳謂：「國初大臣交薦其文行，上閔其老，命爲衢州教授。召修元史成，賜金帛遣歸。洪武辛酉四月卒，年七十五。潛溪遭時遇主，一時高文典册皆出其手。仲申老於廣文，位不配望。是以天下但知有潛溪，鮮知仲申。」四庫提要仲子集，稱：今印本罕傳，惟寫本猶傳於世。清季胡鳳丹印金華叢書，有胡仲子集，謂：是編借鈔於應敏齋方伯，係寫本。文九卷，詩一卷，與四庫書目符。仲子集之流傳未廣，於此可見。然皇明文衡所收仲子文頗不少，而其衡運、正紀、尚賢、井牧、愼習、皇初六論，尤爲體大思精。此六論又收於全謝山宋元學案中。則仲子集雖不顯，其爲識者所珍視可知。

茲當摘述六論大意。其衡運篇云：

天生仲尼，當五伯之衰而不能為太和之春者何也？時未臻乎革也。仲尼沒，繼周者為秦、為漢、為晉、為隋、為唐、為宋，垂二千年，猶未臻乎革也。泯泯棼棼，天下之生，欲望其為王為帝為皇之世，固君子之所深患也。

竊疑衡運諸篇殆成於元季，然文中歷數秦、漢、晉、隋、唐、宋，上不及拓跋魏，下不數胡元，而謂「泯泯棼棼，天下之生望其有革，固君子所深患」。嗚呼偉矣！其意境殆非當時諸儒所能量。巨眼先矚，可謂深識之士矣。

其正紀篇云：

天紀不正，不足以為君。地紀不正，不足以為國。人紀不正，不足以為天下。何謂天紀？天子受命於天，義至公也。虞、夏、商、周之取與異道，皆推至誠以順天者也。而後世欲以詐力為之，始亂天下之大義矣。何謂地紀？中國之與夷狄，內外之辨也。以中國治中國，以夷狄治夷狄，勢至順也。由漢之後，汩天之紀者，莫曹操若也。由晉之後，汩地之紀者，莫劉淵若也。楊廣弑父與君，天下之首惡也，與天下誅之，天下之大義也。不知出此，而從事於繁文僞飾，是以魏晉自處矣。虛漠南之境，徙其部落，居吾內地，留其君長，備吾屯衞，而帝加號天可汗，刻之璽書，是以夷狄自處矣。以夷狄處者，以夷狄與之，以魏晉處者，以魏晉與之，春秋之義也。蓋將以正天地之紀也。天地之紀不正，雖有人紀，君臣也，父子也，夫婦也，朋友之交也，長幼之序也，何自立哉？而人紀之在天下，固有不可泯焉者也。當魏晉之初，毛玠、荀彧，雖以操之奉獻帝為扶弘義、示至公，而當時之士，如甘寧、周瑜、全禕、耿紀之徒，奮不與之。淵雖尊漢安樂，自謂漢氏之甥，而孔恂逆知其奸，睦夸不仕其朝，忠臣孝子，遭時多難，未嘗不駢首接迹於當世。鼎鑊在前而不辟，刀鋸在後而不顧，吾以是知生人之紀未嘗泯也。

偉哉此論！元、明之際諸儒知此者又幾人？明末大儒黃梨洲原君能明天紀，王船山噩夢、黃書能明地紀，顧亭林日知錄論風俗，能明人紀。明其一，斯必兼明乎其二矣。明初諸臣，極其所至，徒知拳拳乎人紀，而亦豈能明人紀之大本大原所在乎？仲子之論，可謂逴乎獨出矣。

其尚賢篇有云：

亡國之人，非盡不肖，興王之臣，非必皆賢。天之生才，何代無之。遇之以道，則耕築漁釣遠迹田野海濱之人，皆起而任公卿大臣之責，伊尹、傅說、太公望之於商、周是也。遇之不以其道，雖千乘之國，萬鍾之粟，曾不足以延搢紳游談之士，孟軻氏之於齊、梁是也。商周之盛，上無曠官，下無遺才，其君臣遇合蓋如此。周德既衰，春秋戰國之際，侯嬴，魏夷門監也，而魏之公子枉車騎虛左迎之。毛遂，趙下士也，而楚烈王頫奉社稷歃血聽之。魯仲連，東海布衣也。居邯鄲圍城之中，不肯西面而帝秦，人以為天下士也，磬然負其高世之志，伸大義於諸侯之上。漢、唐數百年之盛，未有肖其風烈者。高帝、太宗，解衣輟哺，傾身散財，從海內之士，舉天下於反掌之間，傳世永久。當是時也，曰奇士者有矣，曰國士者有矣，求所謂天下士，果何人哉！

又曰：

人主之心，其精神念慮，與天地相酬酢。苟積至誠，廓大公，求天下之賢以寅亮天工，孰不風動而應之於下。天下至廣，人才至衆，其要莫先於論相。相之賢否，官之得失所繫也。官之得失，政之隆替所繫也。由君子言之，是猶後世之論相也，未能盡古之道也。蓋至趙宋而後，世之君子，有以此為任者，而其主不能擇也。

此與黄梨洲原臣、置相篇所論，大略相似。謂漢、唐數百年之盛，有奇士，有國士，而無天下士。又謂相之賢否，爲官之得失、政之隆替所繫，是猶後世之論相；是仲子心中之所謂相，猶不止此。是皆曠世偉論也。

其井牧篇有云：

井田之法行，民有十便，其謂不可為者，蓋亦有二焉。窮天下之力，傾天下之財，非數十年之久不克潰於成。非大有為之君，不能致其決，此一也。中古以降，淳厚之俗薄，澆偽之風熾。恭儉之化衰，功利之習勝。經久之慮少，僥倖之敝多。以限田抑富強，猶有撓之者，況使盡棄其私家之產乎？以均田授農民，猶有不能周之者，又況生齒滋衆之時乎？怨歸於上，奸興於下，此二也。

其慎習篇有云：

由秦以來，天下之變數矣，議者莫不慨然欲追復先王之舊，歷漢、唐千數百年而卒循乎秦人之敝者，荀卿子曰法後王，蓋有以啟之也。惟聖為能盡倫，惟王為能盡制。三代之興，其王皆聖人也。其所以為天下者，莫不本之天理，要之人心。春秋譏變法而大復古，豈好為異哉！夫與世遷徙而偃仰著，戰國之遺習也。卿學術不醇，而遂以毒天下。太史公曰：「法後王，以其近己而俗變相類，議卑而易行也。」天下有能知其近而相類者為不可法也，卑而易行者為不可行也，則秦人之敝去矣。

其皇初篇云：

天下同由之謂道，同得之謂德，同善之謂性，同靈之謂心。道一也，人皆由之而有不由者焉。德一也，人皆得之而有不得者焉。性一也，人皆善而有不善者焉。此人也，非天也。心不能盡性，則不能盡德矣。不能盡德，則不能盡道矣。故雖天也，莫與能焉，而成能者聖人也。此聖人所以為萬世開太平也。鴻荒之世，天地草昧，民物雜揉，穴居野處，與蚑息蠉動之屬不異也，而不以為蟄。毛食血飲，雖鷙擊獟搏之屬不異也，而不以為躁。蒙以羽革草木，而不以為野。瘞以積薪，而不以為薄。約以結繩，而不以為愚。其民安之，免於饑寒而不及於災患，斯可矣。五龍燧人，彼十有七氏者，何氏也？九頭攝提，彼十紀者，又何紀也？其人果聖而世果治也歟？宜於此有以變而通之矣。何至委其人於顓蒙倥侗之域，累數十萬年同於禽犢，而不少拯之。豈天生民立君之意乎？必不然矣。聖人不言者，蓋無稽而愼之也。山川之風氣不同，五方之民異俗，古今之風氣不同，歷代之治異宜，其要皆所以納民於道也。及周之衰，王降而為伯，伯降而為戰國，諸子分裂聖人之道，人騖其私智異說，刑名、農、墨之家，崇儉質，尚功實，而老子貴清淨，將棄仁義，蔑禮法，與天下共反其朴於太古之時，意在懲周之弊，而非大公至正之道也。漢用其術，文景之世，天下無事，最為有效，而非五帝三王之所尚也。聖人之道，譬之天地，而天地之所以為天地者，易簡而已矣。聖人在位，大之為朝廷之遜禪，父子之繼立，變之為征討君臣之革命，皆天命所當然。重之為郊廟社稷之事，公卿大夫賢不肖之黜陟，下至閭井伍牧之賦，庠序之教，關市權衡度量之制，刑賞之具，禮樂之用，皆民生之不可去者也，亦行其所無事而已矣。故聖人之心，天地之心也。聖人之性，天地之性也。聖人以其心溥萬物而物無不平。以其性盡萬物而物無不成。有生者各一其性，有知者各一其心。聲氣之同，捷於桴鼓。念慮之孚，堅於金石。故曰天地感而萬物化生，聖人感人心而天下和平。聖人之化如神，而人不與知焉。聖人之化如天，而神不與能焉。蕩蕩乎！平平乎！皇極之道也，而非老氏之所謂道也。苟不為皇，猶當為帝。苟不為帝，猶當為王。降是而霸，聖人之徒羞稱之矣，矧漢以下乎！

仲子六論大旨，具如上引。其學蓋原本宋儒，而一於治道焉發之。上下千古，駿邁恢偉，卽求之兩宋，亦少其匹。厥後梨洲著書，稱明夷待訪錄；亭林爲日知錄，自稱：「意在撥亂滌汚，古法用夏，啟多聞於來茲，待一治於後王。」又曰：「有王者起，將以見諸行事，以躋斯世於治古之隆。」仲子當元之季世，避地南華山中著書，蓋亦下同黃、顧之用心矣。仲子卒在洪武辛酉，是洪武之十四年（一三八一），仲子年七十五。是仲子生年當在元延祐丁巳四年（一三一七），較之貝清江，尚晚生三歲，較之劉誠意，尚晚生六歲；其在洪武初元，應年五十二，而牧齋詩集小傳謂：「上閔其老，命爲衢州教授」，此據景濂集；其然！豈其然乎！余讀傅維鱗明書胡翰傳，謂：「上憫翰老儒，不欲煩以事，授衢州教授。」此獨得之。蓋明祖特憫翰之爲老儒，非憫翰之老也。

仲子集有與孔元夫按察書，謂：

僕委巷之人也，非有高蹈遠引之志以偃蹇傲俗，又非有良田廣宅優遊卒歲以自足，豈不知君臣之義無所逃於天地之間。顧惟孱弱多病，中年屢更憂患，頤頷發一癰，支綴視息，已近廢人。如是者十餘年。比罹兵變，竄身山谷，自腰及髀，遂成重腿，倉卒弗治，循至足疾，如是又數年。平生迂拙，百事墮人後。今五十有九矣。往歲朝廷急求才，過聽人言，移文見徵，有司敦迫就道，及至金陵，入覲主上，退謁今相國李公於中書，一省之屬見之，始知僕誠羸疾人也。留省署兩月，察其學與才，又益知其迂濶不及事者也。遂以學校之職授之，特不欲以儒見棄耳。承乏既久，虛糜廩食，無補名教，今年士人家見錄至公文，仕宦及閑良人才殘疾老病者，容其乞身，不覺喜形於色。閣下乃欲以不肖之名舉而進之，不深其縈獨衰病有大不可者乎？

此書雖極道衰病，然辭裏行間，固不專以衰病乞退，故曰「察其學與才，又益知其迂濶不及事」，是仲子固深知其於時爲不偶矣。且自五十九下至七十五，尚十六年，則豈誠衰病難支乎？

余考蘇平仲集，有送胡先生還金華序，又有祭胡先生文。其祭文曰：

嗚呼仲申，良金美玉，庶足以方公學術之精純。商鼎周彝，庶足以擬公述作之古雅。惟嚴毅以自持，曾毀譽之不假。故不合者甚多而合者恒寡。

又曰：

寶懷而不售，材蓄而不試。代言顧問，上雖注意於柄用。引年乞歸，公則必行其素志。

此亦見仲子之不以衰病退。

又按：潛溪集有胡仲子文集序，謂：

韓退之抗顔師一世，自李習之以下，皆欲弟子臨之，而習之謇然不甚相下，崇言正論，往往與退之角。濂嘗以為習之識高志偉不在退之下，遇可畏如退之而不屈，眞豪傑之士哉！古之君子，其自處也高，其自期也遠，自視也尊，其擇師與友也審，舉天下無足慊吾意者，則求古人之賢者而師友之。苟有得於心矣，當時知否不卹也，身之賤貴勿論也，行之為事功，宣之為言論，一致也，其心廓然會天地之全而游乎萬物之表，視古今如一旦暮，視千載以上之人，若同堂接膝而與之語，何暇以凡近者累其心乎？吾友胡先生，同郡大儒若吳貞文公立夫，先生嘗師事之，吳公亟稱其才不置。黄文獻公晉卿以文學名天下，見先生，輒延致共語，所以期待者甚隆，而先生不為之屈也。諸公既亡，先生之學益成，行益修，德愈卲，而文愈雄。大江之南稱賢者，必曰先生。今天下有國之初，大臣交薦先生才行，上憫其老，不欲重煩以政，命為衢州教授。會脩元史，復薦入史館，史成，賜金帛遣歸。或謂先生未展其所學，而先生澹如也。先生嘗慕卲子、程子之為人，其所著衡運、井牧、皇初諸文，有習之之辭，而所得者非習之所及也。濂與先生同師於吳公，相友五十餘年，髮秃齒豁矣，見世之士多矣，心之所仰而服者惟在先生，則先生之文，豈獨今之所難過乎？

觀景濂之所言，亦可約略推見仲子之所以不見用於當時之所在矣。又潛溪、平仲於仲子皆稱先生而不名。而潛溪與仲子爲同學，又年長，其稱仲子爲先生，更非偶然。罪惟錄載仲子憫潛溪攻舉子業，遺書招之，仲子意境洵爲卓越矣。明祖求賢如不及，然用賢果何如乎？昔漢武能敬憚汲黯，唐太宗能優容魏徵，明祖似無此識量，竊恐仲子亦不以汲、魏自限。胡維庸之死，明祖欲興師海外，李文忠諫之，明祖曰：「此儒生家言，何得出卿口？」文忠病悸不治，年四十六。文忠嘗師仲子，講宋儒性理，亦見罪惟錄。如文忠尚不能容，則仲子何論矣。則如傅維鱗之所謂「憫其老儒」者，豈不宜乎？牧齋詩集小傳又謂：「天下但知有潛溪，鮮知仲申。仲申沒後二百四十餘年，吳郡朱良育叔英始並論此兩人。」則仲子之不爲人知也久矣。蓋仲子之於明代，其人在若存若亡間。仲子著書，其心未嘗欲用於元，而全氏學案亦終以仲子入元儒；此余所以作爲此篇，而尤深致慨於仲子之一集也。

七　讀九靈山房集

有立志不仕明廷者，此亦不可以不誌。明史載戴良、王逢不忘故主，每形於歌詩，故卒不獲其死。王逢有梧溪集，戴良有九靈山房集，四庫皆以入元代。錢牧齋列朝詩集小傳王逢條，稱逢：「至正中有河清頌，爲張氏畫策，使降元以拒明，故其遊崑山懷舊傷今之詩，於張楚公之亡，有餘恫焉。而至於吳城之破，元都之亡，則唇齒之憂，黍離之泣，激昂愾歎，情見乎詞。前後無題十三首，傷庚申之北遁，皇孫之見俘，故國舊君之思，可謂極矣。謝皐羽之於宋，西臺之記，冬青之引，其人則以甲乙爲目，其年則以犬羊爲紀；廋辭讔語，暗啞相向，未有如原吉之發攄指斥，一無鯁避也。戊申元日則云：『月明山怨鶴，天黑道横蛇。』丙寅築城則云：『孺子成名狂阮籍，伯才無主老陳琳。』殆狂而比於詩矣。或言犁眉公之在元，籌慶元，佐石抹，誓死馳驅，幾用自殺。佐命之後，詩篇寂寥。彼其志之所存，與原吉何以異乎？嗚呼！皐羽之於宋，原吉之於元，其爲遺民一也。然老於有明之世二十餘年矣，不可謂非明世之逸民也。」余按潘聖樟國史考異，亦謂：張士德歸元拒明，據王逢梧溪集，乃逢之謀。此事亦見明史逢傳。而牧齋以逢比謝皐羽，則擬不於倫矣。逢籍江陰，祖世華裔，遠自百世以前，烏得爲元遺民乎？

今按九靈集附趙友同所爲墓誌銘有曰：

先生詩名，雄視東南，家居遠城邑，朋游講習頗艱，卽買地縣西，結屋數十楹，日與同輩討論濂洛性理之微言。居無何，起為月泉書院山長。至正辛丑，擢授中順大夫，淮南、江北等處行中書省儒學提舉。然時事已不靖，乃浮海至中州，欲與豪傑交而卒無所遇，遂南還四明。國朝洪武壬戌，以禮幣徵，至京師，上欲用先生，以老病固辭，頗忤旨。待罪久之，一日感微疾，遂端坐卒於寓舍，實癸亥四月。享年六十有七。

又按全祖望鮚埼亭集外編有九靈先生山房記，謂：

明兵定浙東，九靈避地於吳中，依張氏。久之，挈家浮海至膠州，欲投擴廓軍前，不得達。久之，浮海至寧，時洪武六年矣。又十年而被徵，太祖欲官之，九靈不可，忤旨下獄。明年暴卒，錢尚書受之以為自裁。（按曝書亭集亦謂卒於獄。）或云，明兵入金華，九靈曾見太祖公云，乃世俗流傳誣善之詞。九靈以不肯屈身而被繫，使其出於自裁，固為元畢命。卽令以瘐死亦為元也。古來喪亂人才之盛莫如季宋，不必有軍師國邑之人，卽以下僚韋布，皆能礪不仕二姓之節。此宋人三百年尊賢養士之報也。元之立國甚淺，崇儒之政無聞，而其亡也，一行傳中人物，纍纍相望；是豈元之有以致文，抑亦宋人之流風善俗，歷五世而未斬，於以為天地元氣歟。

今按：全氏發明九靈心事，較之趙氏，其辭遠爲顯白，以趙氏當時，猶有所避忌也。至以宋、元兩季人物並論，皆目以爲天地之元氣，其論本之黃梨洲；則民族正氣，梨洲亦有所不瞭。梨洲之論，又本之錢牧齋；牧齋屈節淸廷，更無足深論。

鮚埼亭集九靈山房記後，又繼之以海巢記，論及丁鶴年。丁鶴年乃色目人，自以家世仕元，不忘故國，庚申北遁後，飲泣賦詩，戴良爲之序，謂其：「一篇一句，皆寓憂君愛國之心，讀之不知涕泗之横流。」此在鶴年猶可。如王逢、戴良，豈亦所謂子誠元人也，知有元君而已乎？然謂之「憂君」，所虧尚遠，謂之「愛國」，則何顏之厚！明祖有放元官還塞北之舉，傳維麟明書蔡子英傳：子英逮至京，太祖令置外舍沐，欲官之。子英退而因舍人上書，曰：「皇帝恢廓宏度，曲宥亡國之臣，不自死，慚負皇帝。臣有痼疾，迷於心志，藥石匪解。（「痼疾」兩句見罪惟録。）臣竊惟少本書生，奪志行伍，過辱北帥知薦，仕底七命，躍馬食肉，十有五年。一遘板蕩，靦顏失節。皇帝幸哀憐臣，毋血藁街，以投瘴海，禦魑魅無人之境，臣若茹薺。」帝太祖益重之，陰戒舍人，謹事子英亡恙，以旦夕聞起居，毋令天下謂我有殺義士名。自是每夜深號不止，舍人問之，曰：「我自念故主耳。」乃具狀聞。上歎曰：「吾何苦一蔡子英，彼喋喋泉下訾我哉！」縱出塞，追元故主於和林。然則明祖之待元臣，亦可謂仁義備至矣。其失節仕明如危素輩，固使明祖意輕不服；至如戴、王之流，實亦尚不能如蔡子英，尚未具備放之去漠北之資格，然亦所謂痼疾迷心者。明祖隱忍不發，亦有其不得已。而戴、王死後，其姓字聲名，尚猶流傳不歇，較之胡翰、陳謨輩，轉若顯煥；而如蔡子英之徒，則知者尠矣。此亦有明一代文士大夫之恥也。猶幸此後建州入主，明臣忠烈接踵，可以相爲掩蓋。然戴、王諸人之遺羞國史，則終亦無可洗滌也。

牧齋列朝詩集小傳甲前集陳基條，謂基：「參張士信軍事，自杭來吳，參太尉府軍事。吳平召入，預修元史，賜金而還。基在藩府，飛書走檄，皆出其手。敵國分爭，語多指斥。吳亡，吳臣多見誅戮，而基以廉謹得免。今所傳夷白集，指斥之詞，儼然臚列，後人亦不加塗竄；太祖之容基，何啻魏武之不殺陳琳。聖朝寬大垂三百年，語言文字一無忌諱，於乎休哉！」余未獲見梧溪集，然夷白齋集乃由戴良編次，復有良序，茲節錄如次。其文曰：

世道有升降，風氣有盛衰，而文運隨之。周衰，聖人之遺言既熄，諸子雜家並起而汩亂之。漢興，董生、司馬遷、揚雄、劉向之徒出，而斯文始近於古。至唐之久，昌黎韓子以道德仁義之言起而麾之，然後斯文幾於漢。宋廬陵歐陽氏又起而麾之，而天下文章復侔於漢、唐之盛。我朝輿地之廣，曠古所未有，學士大夫乘其雄渾之氣以為文者，固未易以一二數。然自天曆以來，擅名於海內，惟蜀郡虞公，豫章揭公，金華柳公、黃公而已。蓋方是時，祖宗以深仁厚澤涵養天下垂五六十年，而戴白之老，童兒幼穉，相與鼓舞於里巷之間，晏然無以異於漢、唐、宋之盛時，故一時作者，率皆涵淳茹和，以鳴太平之盛治，其摛辭則擬諸漢、唐，說理則本諸宋氏，而學問則優柔於周之未衰，學者咸宗尚之，並稱之曰虞揭柳黃，而本朝之盛極矣。繼是而起，以文名家者，猶不下數人。如莆田陳公之俊邁，新安程公之古潔，臨川危公之浩博，彬彬郁郁，何可及哉！而得先生以紹其聲光，我吳王聞其學，卽以樞府都事起於家，不數年間而長其省幕，其後由參軍陞內史，迹愈顯而文愈工，自周衰以來至於今幾二千年，斯文能自振拔以追於古者，惟漢、唐及宋，及我朝；而四世之中，士之卓卓可稱者，又常不過數人焉，何世之不數而人之難得若是歟？

此文收九靈山房集，不見寫作年月，而夷白齋集有之，爲至正二十四年甲辰五月。是年，明祖建號曰吳，漢主陳友諒已先一年卒，至是漢降。再三年，吳王張士誠被執，徐達等率師北定中原。翌年，克元都，元帝北遁，距良爲此文前後四年。而良方以元之盛運上擬周、漢、唐、宋，以元之作者虞、揭、柳、黄之徒上比董、馬、韓、歐，而謂是國家深仁厚澤涵養之所致。讀其文，可徵其無識。史稱：良依張士誠，知其不足與謀，挈家浮海至膠州，欲間道歸王保保，會道梗不達。洪武六年南還，變姓名隱四明山，十五年徵入京，猶不屈。一爲胡臣，矢死不二，以視劉誠意之自致於功名者，尚不失爲一志節之士。嗚呼！良可吁矣。

九靈山房集復有皇元風雅序，可與上引文相證，兹再節錄如次。其文曰：

> 氣運有升降，人物有盛衰。漢去古未遠，風雅遺音，猶有所徵。魏晉而降，三光五嶽之氣分，而浮靡卑弱之辭遂不能以復古。唐一區夏，文運重興，李、杜出焉。宋歐、蘇、王、黄之徒，亦皆視唐為無媿。然宋詩主議論，則其去風雅遠矣。能得夫風雅之正聲，以一掃宋人之積習，其惟我朝乎？我朝輿地之廣，曠古所未有。學士大夫乘其雄渾之氣以為詩者，固未易一二數。然自姚、盧、劉、趙諸先達以來，若范公德機，虞公伯生，揭公曼碩，楊公仲弘，以及馬公伯庸、薩公天錫、余公廷心，皆其卓卓然者也。至於岩穴之隱人，江湖之羇客，殆又不可以數

計。蓋方是時，祖宗以深仁厚德涵養天下，垂五六十年之久，而戴白之老，垂髫之童，相與歡呼鼓舞於閭巷間，熙熙然有非漢、唐、宋之所可及。故一時作者，悉皆餐淳茹和，以鳴太平之盛治，其格調固擬諸漢，其理趣固資諸宋氏，至於陳政之大，施教之遠，則能優入乎周德之未退，蓋至是而本朝之盛極矣。繼此而後，以詩名世者猶累累焉。皆本之性情之正，基之德澤之深，流風遺俗，班班而在。劉禹錫謂八音與政通，文章與時高下，豈不信然歟。此皇元風雅之書所為輯也。良嘗受而伏讀，於凡學士大夫之詠歌帝載，黼黻王度者，固已烜耀衆目；而隱人羈客，珠捐璧棄於當年者，亦皆兼收並蓄，如武庫之無物不有。我朝為政為教之大，與夫流風遺俗之可槩見者，庶展卷而盡得。其有關於世教，有功於新學，何其盛也。明往聖之心法，播昭代之治音，舍是書何以哉？

此文與夷白齋集序陳義相同，即遺辭亦有重複，知兩文寫作年代必相接，殆同出元之將亡也。良之自贊，謂：「歌黍離、麥秀之詩，詠剩水殘山之句。」而蘇伯衡贊其遺像有曰：「其跋涉道途，類子房之報韓；其徬徨山澤，猶正則之自放。世今若山斗之共仰，公遽駕風霆而長往。後死者之瞻遺像，安得不慨斯文之將喪。」時良死已八年，洪武十六年良死，至是當爲洪武之二十四年。讀蘇氏之贊，洪武一朝文字禁網誠爲寬大；而「斯文將喪」之歎，則宜古今同之矣。

又按：葉子奇草木子言：「元自混一以來，大抵皆內本國而外中國，內北人而外南人，以至深閉固拒，曲爲防護，自以爲得親疏之道。是以王澤之施，少及于南，滲漉之恩，悉歸于北。故貧極江南，富稱塞北，見於僞詔之所云也。迄今天祿之遷，盡歸于南，此可以見乘除勝復之理。」然如戴良、王逢皆南人，其耿耿於胡元，至死不變，一身利害固不計，天下是非亦不辨，國人之好惡向背，亦復悍然無動於其中，而天理之往復乘除，彼亦盲焉若不知。古今詩文之士，不乏眼小如豆者，而戴、王乃憑此立節，長爲同時及後人之所想慕，斯尤可怪也。

牧齋列朝詩集小傳，分元季作者入甲前集，凡一百一十六人，又附見者三十三人。國初作者入甲集，凡二百二十九人，附見八人。兩集合計之，共得三百八十六人。雖有重出，爲數殊少。士羣之盛，文風之暢，實歷代革命之際所未見。即檢淸四庫全書總目，明初詩文集作者，自宋景濂迄僧宗泐，得五十五人，六百二十四卷，張宇以下年輩稍晚者不計。此文僅就四部叢刊所收，略論宋、劉、高、蘇、貝、戴六集及胡仲子一集而已。此諸人皆當時士羣之翹楚，亦一代詩文之冠冕，舉此爲例，可見風氣之大歸。今就提要一人姑舉其集爲余所想見而未見者，厥爲陳謨之海桑集。此人不見於牧齋詩集小傳，殆是絳雲樓未有此書也。

提要海桑集十卷，陳謨撰。提要之文曰：

謨字一德，泰和人。生於元成宗時。洪武中召赴闕，以疾辭歸。後屢聘為江浙考試官，事蹟具明史儒林傳。是集有謨家傳，稱卒年九十六。考集中年月，止於洪武十七年。晏壁於永樂七年作海桑集序，稱謨卒後二十年，則卒於洪武二十一年戊辰也。謨書劉氏西齋唱和卷後，稱「生大德間，為前朝太平幸民六十餘年」，由洪武戊辰上推大德元年丁酉，僅九十二年。或晏壁所稱乃約成數。其詩集、文集各五卷，為其甥楊士奇所編。集中通塞論一篇，引微子、箕子，反復申明，謂革代之時，不必死節，最為害理。故其客韶州時，為太祖吳元年，元尚未亡，已為衞官作賀表。而集中頌明功德，不一而足。無一語故君舊國之思。其不仕也，雖稱以老病辭，然孫仲亨跋其墨迹，稱「太祖龍興，弓旌首至，先生雖老，猶輿曳就道。一時老師俗儒，曲學附會先生之論，動輒矛盾，是以所如不合，遂命駕還山，拂衣去國」云云，則與柴桑東籬之志，固有殊矣。至於文體簡潔，詩格舂容，則東里淵源實出於是，其在明初，國渢渢乎雅音也。

提要之言如此，惜未能見其集而詳論之。據其謂爲「前代太平幸民六十餘年」，又其集稱「海桑」，則似亦僅知感時變，未能辨夷夏也。然謂易代之際不必死節，又頌明功德不一而足，此其有異於痼疾迷心之人遠矣。惟戴良、王逢之徒，既受一時之尊譽，則亦無怪於陳謨之所如而不合矣。抑余讀宋景濂、蘇平仲、貝清江諸集，其所爲傳狀碑誌，有爲元守節而死者，有堅隱不出者，有不得已應聘而亟於拂衣求去者；此等文字，雖出洪武以後，諸人雖親仕洪武之朝，而字裏行間，若時時有故君舊國之思流露於不自掩；在此種時代風氣中，更無怪陳謨之所如不合。其願獻身新朝，與民更始之士，在清之四庫館臣則盡目以爲「俗儒曲學」，則惟如危素、趙汸乃得爲雅儒正學歟？亦惟如戴良、王逢，乃得爲雅儒正學歟？是可見一時之心聲風習矣。

余又讀方希古祭宋景濂先生文，謂：

公之量可以包天下，而天下不能容公之一身。公之識可以鑑一世，而舉世不能知公之為人。世烏足以知之，徒傳誦其雄文。執其詞者惑其意，得其似者失其眞。彼好慕者且若此，又何怪乎臧倉與叔孫。

此文辭旨隱約，唏慨言外，殆潛溪生時，亦復有「所如不合」之感耶？抑其迹雖不然，而羣士之內心實有此內藏之隱耶？余又按罪惟錄，陳謨入逸運外臣列傳，與秦從龍、陳遇、楊維楨、趙汸、徐舫、高明諸人並列；明史則入儒林傳，謂其：「隱居不求仕，而究心經世之務。」然則海桑一集，雖違時好，獨頌新朝之功德，而豈阿譽希寵競進無恥者之所爲乎？四庫館臣謂其「與柴桑東籬之志有殊」，誠淺之乎其窺作者之心志矣。且元、明易代，豈晉、宋之比，又烏得以淵明之出處相繩？惜乎海桑一集，未獲目睹。他日若見此書，儻有傑出之見，能一洗此一時代羣士拘墟不忘胡元之惡習，亦足爲國史生光，爲興明吐氣；此余所以深致其想見之意也。

又按：朱竹垞靜志居詩話云：「徵君大德遺民，雖應弓招，未縻好爵。其沒也，蘇平仲輓以詩云：『道德宗前代，詩書啟後人。』胡光大詩云：『文章漢彝鼎，聲價魯璠璵。』楊東里詩云：『純明程伯子，灑落邵堯夫。』梁不移詩云：『立志希濂洛，研精續考亭。』諸公之推許若是，是亦可見其爲人矣。」

余爲斯又逾十餘年，乃獲讀四庫全書之海桑集。陳義平平，無足稱述，較之上舉諸人，所距遠矣。是則明初開國諸臣，人物皎然，能以文采自顯者，乃無不繫心胡元，情存彼此；是誠世運國命所大堪驚詫與慨歎之一事也。

八　讀方正學集

余於明初開國諸儒，必推胡仲子爲巨擘焉。然仲子未獲向用，未能稍有所展布。求能與仲子相肩隨者，得一人焉，曰：方正學孝孺。史稱：「孝孺先輩胡翰、蘇伯衡，亦自謂弗及。」惟其年輩稍晚，非茲篇所當詳論。姑舉皇明文衡所錄兩篇，稍闡其意，以殿吾文。

正學有釋統三篇。其上篇云：

仁義而王，道德而治者，三代也。智力而取，法術而守者，漢、唐、宋也。強致而暴失之者，秦、隋也。簒弑以得之，無術以守之，而子孫受其禍者，晉也。其取之也同，而身為天下戮者，王莽也。苟以全有天下、號令行乎海内者為正統邪，則此皆其人矣。正統之說，何為而立邪？苟欲假此以寓褒貶，正大分，申君臣之義，明仁暴之别，内夏外夷，扶天理而誅人僞，則不宜無辨。故謂周、秦、漢、晉、隋、唐、宋均為正統，猶謂孔子、墨翟、莊周、李聃、孟軻、揚雄俱為聖人而傳道統也。嘗試論之，天下有正統一，變統三。三代，正統也。如漢、如唐、如宋，雖不敢幾乎三代，然其主皆有恤民之心，附之以正統，亦孔子與齊桓、仁管仲之意歟？奚為變統？取之不以正，如晉、宋、齊、梁之君，使全有天下，亦不可為正矣。守之不以仁義，戕虐乎生民，如秦與隋，使傳數百年，亦不可為正矣。夷狄而僭中國，女后而據天位，治如苻堅，才如武氏，亦不可繼統矣。

其中篇云：

正統之說立，而後人君之位尊，變統之名立，而後正統之說明。朱子之意曰：周、秦、漢、晉、隋、唐，皆全有天下矣，固不得不與之以正統。苟如是，則仁者徒仁而暴者徒暴。以正為正，又以非正為正，而可乎？所貴乎為君者，以其建道德之中，立仁義之極，操政教之原，斯可以為正統。正統之君，非吾貴之。變統之君，非吾賤之也。賢者得民心，民斯尊之矣。非其類，無其德，民必惡之，故不得不賤之也。如是而後奸邪息，夷狄懼。

其下篇云：

所謂變統之制者何也？異於天子之禮也。冒為而異其禮，蓋其所可致者勢也，不可僭乎後世者義也。勢行於一時，義定於後世。義之所在，臣不敢私愛於君，子不敢私尊於父，大中至正之道，質諸天地，參諸鬼神而不惑也。得中國之地，其民有思中國而叛之者曰「起兵」。以地降者曰「來歸」。不為中國而反者，彼亦不得而盜賊之也，亦曰「起兵」。得郡則曰「取某郡」。正統之臣降於夷狄則夷狄之，死不曰「卒」而曰「死」。凡力能為正統之患者，滅亡，則異文書之，以致喜之之意。正統亂亡，則詳書而屢見之，以致惜之之意。變統治一天下而正統絕，則書甲子，而分注其下曰：「是為某帝某元年」。其主用兵不曰「討」，不曰「征伐」，刑其人不曰「誅」。天下怨而起兵，惡而起兵，不曰「反」。惡乎篡弒，非惡乎君也。惡乎女主，非其君，故不得以君道臨之也。士之在變統者，能安中國則書，能止暴眾除民害則書，能明道術於後世則書；有愈貴而愈賤者，有愈賤而愈貴者。故君子之於變統，外之而不親也，微之而不尊也，斷斷乎其嚴也，閔閔乎恐其久也，望望乎欲正統之復也。是何也？為天下慮也。立變統，所以扶人極，能言抑變統者，君子之所取也。

歷史正統之辨，今之學者多疑焉，然實有不得已而不可不辨者，而尤於夷夏之大防爲然。貝清江集有鐵崖先生大全集序，謂：

至正初，天子詔脩遼、金、宋三史，先生乃著正統論，凡二千六百餘言，其言以為我朝當續宋統於世祖混一之日，不當急於繼遼繼金；正大剴切，觀者韙之。

又有鐵崖先生傳，備錄其正統論全文著於篇，大意謂：

今之君子，昧於春秋大一統之旨，而急於我元開國之年，遂欲接遼以為統。不以天數之正，華統之大，屬之我元，承乎有宋，如宋之承唐，唐之承隋、承晉、承漢，而妄分閏代之承，欲以荒夷非統之統屬之我元。吾不知今之君子，待今日為何時，待今聖人為何君也。抑又論之，道統者，治統之所在也。孟子沒，千有餘年而濂洛周子傳焉。朱子沒，而其傳及我朝許文正公。此歷代道統之源委也。道統不在遼、金而在宋，在宋而後及於我朝，君子可以觀治統之所在矣。

廷臣謂：「論辯出，見者韙之，謂其正大光明，雖百世之下無以易。」廷臣此傳，作於洪武之三年，是亦可謂明初羣士對正統觀之共同意見也。當元之時，有主張以元接遼、金爲正統者，鐵崖折之以春秋大一統之義；而不知孔子春秋雖曰大一統，猶尚有夷夏之辨焉。鐵崖又以元儒上承朱子之道統，謂道統所在卽治統所在，此固似矣；然朱子上書孝宗，極申攘夷之大論，而惜乎元儒之終失此義。縱謂此可以爲元儒恕，然豈終不爲中國之道統惜乎？觀乎鐵崖之正統論，而益見胡仲子之邁乎爲不可及。能承仲子而重申正統大義於天下者，則正學也。

正學之言正統，猶仲子之言天紀。正學之言變統，則猶仲子之言地紀也。惟此兩儒，一在元末，一在明初，而同主元之不得爲正統。在當時則皆爲正人心伸大義之正論。否則元居正統，凡爲元而死者皆忠臣，凡拒明而不仕者皆義士，凡起義於民間如方國珍、張士誠輩皆羣盜叛逆。而明之有天下，則惟有歸之於天命。而凡屬一時佐命協運之士，則惟有「識天命」三字可以爲之解脱其不忠不義以及從叛附逆之大罪。如是言之，則天命與人道兩相離。抑且天命惟在一人，則彼一人者身膺天命，自可生殺予奪惟其意，而爲之下者，將見爲牛馬鷄豚之不若。方明之開國，羣士大夫則無不心尊元室爲正統，抑且無不有故君舊國之思焉；乃莫不謂明祖之登帝位，乃一出於天命，於是一切創制立法，興禮樂，明教化，選賢擇相，與民更始之大政宏綱，乃舉無本原可言。當漢高之興，人盡曰暴秦當亡；而明之崛起，爲之下者不欲言暴元，又不忍言胡元。生於其心，害於其政，名不正則言不順，當明祖之廢相而殺羣士，羣士惟有俯首聽命，雖欲隱退自全，而終無逃於天地之間。天命所在，又寧有人道之可言。此豈非元、明之際成此悲劇之一主因乎？不幸而仲子既不獲顯用，正學又晚起，靖難之變，以身殉之；而文禁又嚴，其門人藏其遺文，至宣德以後而始稍傳於世；遂使明代之治不能稍復於古，不惟不逮漢、唐，抑且視宋而有媿焉，則豈不由其無儒乎？豈不以夫道統之失而不振乎？此所以余讀明初諸臣之詩文而獨於仲子、正學兩集深致其拳拳之嚮往也。

正學又有與趙伯欽書，大意謂：

近代道術不明，士居位則以法律為治，為學則以文辭為業，聖賢宏經要典，擯棄而不講，百餘年間，風俗汙壞，上惰下乖，以至於顛危而不救者，豈無自也哉？私誠恨之，欲有所發明損益以表著於世，而習俗卑下，學者梏於舊聞，不復知有學術。竊竊詡詡，苟且自恕。或有志而才不足有為，或才高而沉溺不返。足下書之所陳，謂近世之文辭不能比隆於唐、宋而有取於僕；僕無能之辭，足下安取乎！且近世所以不古若者，以文辭為業而不知道術，雖欲庶乎古，不能也。聖賢之文辭，非有大過於今人，其所以不可及者，造道深而自得者遠，雖恒言卑論，亦可為後世法。唐之諸儒，惟韓子為近道，其他俱不若宋。宋之士，以言乎文，固未必盡過乎唐，然其文之所載，三代以下未之有，而漢何足以方之！今人多謂宋不及唐，唐不及漢，此自其文而言耳，非所謂考道德之會通而揆其實也。僕嘗謂求學術於三代之後，宋為上，漢次之，唐為下，近代有媿焉。斯道之盛衰，其端微矣。非明識睿達者何足以知之。

當有元之一代，可謂有文辭，無道術。流風所被，迄於明之開國，此雖正學所親受業之師景濂猶不免，又遑論乎其他。若欲會通文辭、道術，則宋爲首，漢次之，而唐爲下，正學此書，誠千古之隻眼也。當其時而求能振起一世之文辭、道術者，捨正學其誰屬？而惜乎靖難之變，卒以身殉，年僅四十有六，未到五十也。而其學亦及身而絕。其後明之爲文者，漸知鄙薄元儒，乃欲上祧宋而遠師漢、唐，於是有「詩必李、杜，文必盛唐」之說。蓋其時，明之正位既久，羣士心理已大異於明初之時，羣知鄙薄胡元，不復欲齒及之；而宋爲元亡，乃連類而不受重視；以爲欲張大一時之文運，則必以漢、唐爲榘矱，而不知其誤也。下及唐順之、歸有光，始起而矯其敝，然其去正學心中之所謂文辭，求能「考道德之會通而揆其實」者，則仍如河漢之相遠。言明代之學術，則必溯源於曹月川與吳康齋。然此兩人，似皆偏於遯退，亦僅爲知有人紀而不知有天紀。乃亦於人紀爲狹小而不全，拘礙而不擴。此後有明一代之儒學，乃終不免於此一途。白沙無論矣，即陽明以事功顯，而其論學則仍有狹小拘礙之迹，未能大通於人紀之全以上達於天紀。此觀於王門後學之意態抱負經綸計慮而可知矣。求如正學，如梨洲學案師說所云：「以生民爲慮，王道爲心，欲伊、周、孔、孟合爲一人」者，則終明之世未見其有繼。待夫明之既亡，在野諸大儒如亭林、梨洲、船山，學術途徑庶乎近之。然則天雖生正學於明，而有明一代卒未得正學之用。天之生大儒既不易，而世之獲大儒之用也則尤難。此我所以讀明初諸家之集而於仲子、正學兩家尤不勝其低徊悱惻之情也。

余又讀皇明文衡，有王紳仲縉擬大明鐃歌鼓吹曲十二首並序，其序曰：

伏覩太祖皇帝，手提三尺，取胡元，平僭亂，以肇造區夏，所以雪近代之恥，其功誠不在湯、武下。

其定關陝一首云：

元德昏，政棼棼。泯戚憔，籲于旻。情上格，命明君。

其蕩胡穴一首云：

元氏有天下，腥膻我中原。垂髮裂冠冕，士效呷憂言。聖人受天命，遠續皇王傳。

其聲鏜鞳，誠不媿爲皇明一代開國之雅頌。紳，禕子。禕使雲南，抗節死，紳僅十三歲，從學於景濂。其爲此樂章，則已在洪武以後，明初諸臣，決不能有此吐屬也。

罪惟錄播匿諸臣傳載元幼主死，翰林撰祭文不稱旨，懸購能文者。錢甦擬撰云：「朕之得，復我中國之故有。汝之失，棄其沙漠之本無。」明祖得之大喜。此語眞切平實，應爲當時人人心中所能想，口頭所能說；而一時翰林諸臣顧不然，羣手所撰，均不能稱明祖之意，而至於懸購能文者。及明祖見甦語而大喜，斯其內心之不慊於當時諸臣者可知矣。然亦無可奈何，時風眾勢，雖貴爲天子，其亦何能爲力！惟景濂巍然爲明初文臣之首，然亦不免限於羣士心習之所同以爲然者，而不能大肆其心之所能至，以招來一世之大謗；幸而有如方正學、王仲縉者出其門，斯亦可以告無罪於後世矣。則景濂其誠不媿爲一代文臣之首哉！余故特以仲縉樂章附之正學一集之後，而以殿吾篇。此亦猶之曲終之奏雅，以見夫天命之終於不絕，人心之終於不死，而大道之終於久晦而復明焉。世有知道君子，其將有同感於吾文。

（一九六四年八月香港新亞學報六卷二期）

讀明初開國諸臣詩文集續篇

一　讀楊維楨東維子集

余舊草讀明初開國諸臣詩文集，未及楊維楨之東維子集。然念明史文苑傳，楊維楨褎然居首，是亦當爲補列。傳略曰：

維楨字廉夫，山陰人。父宏，築樓鐵崖山中，繞樓植梅百株，聚書數萬卷，去其梯，俾維楨誦讀樓上者五年，因自號鐵崖。元泰定四年成進士。會修遼、金、宋三史成。（詔修三史，始至正三年。）維楨著正統辨千餘言，總裁官歐陽元公讀且歎曰：「百年後公論定於此矣。」擢江西儒學提舉。會兵亂，避地富春山，徙錢塘。張士誠累書招之，不赴。撰五論，具書復士誠，告以順逆成敗之說，士誠不能用。徙居松江之上。洪武二年，召諸儒纂禮樂書，遣翰林詹同奉幣詣門。維楨謝曰：「豈有老婦將就木而再理嫁者邪。」明年，復遣有司敦促，賦老客婦謠一章進御。曰：「皇帝竭吾之能，不強吾所不能則可。否則有蹈海死耳。」帝許之，賜安車，詣闕廷。留百有一十日，所纂敍例略定，卽乞骸骨，仍給安車還山。宋濂贈詩曰：「不受君王五色詔，白衣宣至白衣還。」抵家卒，年七十五。

新元史文苑傳亦收楊維楨，謂：

晚年，築蓬臺於松江，東南才俊士投贄求文者無虛日。當疾亟，撰歸全堂記，頃刻立就，擲筆而逝。著有四書一貫錄、五經鑰鍵、春秋透天關、禮經約、歷代史鉞二百卷、東維子集三十卷、瓊臺曲洞庭雪閒雜吟二十卷。

全祖望宋元學案列楊維楨於艮齋學案中，謂：

先生初遊甬東，得黃氏日鈔歸，學業日進。所著諸集通數百卷。

王梓材、馮雲濠宋元學案補遺王案有曰：

貝清江作傳，言所著有春秋大意、左氏君子議。又先生序春秋左氏傳類編有云：「予於春秋家，有定是之錄凡十有二卷。」是先生之於春秋，不獨透天關一書也。

馮案：據文集虞隱君墓誌銘，曰：「先生道園門人。」

維楨所爲正統辨，不見於文集，而見於陶宗儀之輟耕錄。及清廷修四庫，奉乾隆諭旨補入。宋元學案加以删節。茲撮錄其要旨如次：

正統之說，何自而起乎？起於夏后傳國，湯武革世，皆出於天命人心之公也。故正統之義，立於聖人之經，以扶萬世之綱常。聖人之經，春秋是也。首書王正於魯史之元年者，大一統也。五伯之權非不强於王，而春秋必黜之，不使奸此統。吳、越之號，非不竊於王，而春秋必外之，不使借此統。然則統之所在，不得以割據之地僭僞之名而論之也尚矣。先正論統於漢之後者，不以蜀漢之祚促，與其地之偏，而奪其統之正者，春秋之義也。復有作元經，自謂法春秋者，而又帝北魏，黜江左，其失與志三國者等爾。尊昭烈，續江左，而魏之名不正而言不順者，大正於宋朱氏之綱目。故綱目之繫統者在蜀、晉，而抑統者，則秦昭襄、唐武氏也，至不得已，以始皇之廿六年而始繼周，漢始於高帝之五年，而不始於降秦。晉始於平吳，而不始於泰始。唐始於羣盜既夷之後，而不始於武德之元，又所以法於春秋之大一統。然則今日之遼、金、宋三史者，宜莫嚴於元統與大一統之辨矣。

議者謂遼祖比宋前興五十餘年，而宋嘗遣使結為兄弟。晚年遼為翁而宋為孫矣。此其說之曲而陋者也。漢之匈奴，唐之突厥，不皆興於漢、唐之前乎？而漢、唐又與之通和矣。吳、魏之與蜀也，亦一時角立，不相統攝者也。而秉史筆者，必以匈奴、突厥為紀傳，而以漢、唐為正統，必以吳、魏為分繫，而以蜀為正綱，何也？天理人心之公，閱萬世而不可泯者也。當唐明宗之祝天，自以夷狄，不任社稷生靈之主，願天早生聖人。自是天人交感，而宋太祖生矣。朱氏綱目於五代之年，皆細注於歲之下，其遺意固有待於宋矣。有待於宋，則直以宋接唐統之正矣，又何計其受周禪與否乎？中遭陽九之厄，而天猶不泯其社稷，瓜瓞之系，在江之南，子孫享國，又凡百五十有五年。金泰和之議，以靖康為游魂餘魄，比之昭烈在蜀，則泰和之議，固知宋有遺統在江之左矣。而金欲承其未絕為得統，可乎？好黨君子，遂斥紹興為僞宋。吁！吾不忍道矣。

春秋大一統之義，請復以成周之大統明之。文王在諸侯位凡五十年。至三分天下有其二，遂誕受天命，以撫方夏，然猶九年而大統未集。必至武王十有三年，伐紂有天下，商命始革，而大統始集焉。蓋革命之事，一日之命未絕，則一日之統未集。宋命一日而未革，則我元之大統，亦一日而未集也。成周不急於文王五十年，武王十三年，而集天下之大統，則我元又豈急於太祖開國五十年，及世祖十有七年而集天下之大統哉？抑又論之。道統者，治統之所在也。堯以是傳之舜，舜以是傳之禹、湯，禹、湯以是傳之文、武、周公、孔子。孔子沒，幾不得其傳。百有餘年而孟子傳焉。孟子沒，幾不得其傳，千有餘年而濂、洛、周、程諸子傳焉。及乎中立楊氏，而吾道南矣。既而宋亦南渡矣。楊氏之傳為豫章羅氏、延平李氏，及於新安朱子沒，而其傳及我朝許文正公。此歷代道統之源委也。然則道統不在遼、金而在宋，在宋而後及於我朝。君子可以觀治統之所在矣。

今以此窺維楨之學，乃一本於孔孟與程朱。其論史，亦一本之孔子春秋與朱子綱目。綱目以蜀爲正統，魏、吳不得干。故南宋爲正統，金不得干。推論其所以，乃出於天理人心之公。故匈奴、突厥，皆起於唐前，亦皆不得干唐之統。遼起宋前，亦不得干宋之統。五代以夷狄主中國，並不得爲統，則當以宋接唐統爲正。維楨之言如此，可謂大義朗然矣。

維楨又分道統與治統，謂道統乃治統所在。然其於元代，則與漢、唐、兩宋一例，得爲吾國史之正統，所爭僅在元太祖之五十年，與世祖滅宋以前之十六年，不得遽奉爲正統而已。又以許衡仕元，爲道統所在。則誠元儒之見也。孔子春秋尊王攘夷，維楨僅取其「尊下」。「攘夷」之旨，雖於匈奴、突厥、五代、遼、金微見其意，而於元則絶不辨夷夏。然同時如歐陽玄，亦且認爲百年後公論所定。可見在當時，尚不遽奉爲公論，尚有主以遼接五代，金接遼，元接金，爲中國史之正統，而兩宋不得預。此卽觀於維楨之辨而可知矣。

今按：陶宗儀輟耕錄謂維楨言終不見用，又宋元學案補遺引吉水縣志，有周聞係字以立，亦預修宋、遼、金三史，當事皆遼、金故臣子孫，不肯以正統予宋，聞孫具疏爭，不報，遂棄職歸。是其時學人，尚有南、北之分。維楨、聞孫皆南人，故心不忘宋。此亦治史者所不可不知也。

然維楨既視元爲正統，又視爲元亦得道統之傳，而維楨又親仕於元，故遂拒明祖之聘，以「不強吾所不能」爲條件，始允一出。宋濂之詩曰：「不受君王五色詔，白衣宣至白衣還。」其臨卒爲歸全堂記，今其文不收於文集；蓋仕於元，亦全其身歸於元，較之危素之不能全節，自謂勝之。而明廷開國諸臣，亦內尊其人，自愧不如，故宋濂之詩云云也。

維楨幼年，其父爲築萬卷樓鐵崖山中，使讀書其上。及其老，隱居三吳，屢遷其居。有曰草玄閣，曰藉景軒，曰拄頰樓，曰小蓬臺。後止臺上不復下，且榜於門，曰：「客至不下樓，恕老嬾。見客不答禮，恕老病。問事不對，恕老默。發言無所避，恕老迂。飲酒不輟樂，恕老狂。」當元之末，天下雖亂，而諸儒尚得晏安自娛於山林間，以著述歌詠度日；又得羣從影附響集，自謂學統道統所在；則宜乎其忘夷夏之大防，置生民疾苦於不問；而如吳王、明祖之召，則避之若浼，惟恐其沾染及之矣。

又按：朱彝尊曝書亭集有楊維楨傳，謂其：「徙松江，與錢唐錢維善、里人陸居仁相唱和。維善仕元，官副提舉，張士誠據吳，遂不仕。居仁泰定三年鄉試，隱居教授。兩人旣歿，知府事林公慶昇其棺與維楨同葬，人目爲三高士墓。」亦可徵一般人在洪武初仍高尚爲元不出之風氣矣。

又按：清乾隆詔補正統辨入東維子集有曰：

維楨身為元臣，入明雖不仕，而應明太祖之召，且上鐃歌鼓吹曲美頌新朝，非刺故國，幾於劇秦美新，其進退無據，較之錢謙益託言不忘故君者，鄙倍尤甚。而正統之辨，則不可以人廢言。

是乾隆正爲維楨尊元爲正統，可爲滿洲入關作護辭，故特旨追補。其實亦猶雍正大義覺迷錄之用心而已。東維子集先刊於明初，故此辨亦不敢不删去也。而乾隆詔旨，尚以維楨應明太祖召預修元史而斥其進退無據，謂較之錢謙益尚更鄙倍；則不知明遺民應清廷之召預修明史諸人，當時清廷視之，其固爲可嘉抑可鄙乎？處鼎革之際，而値夷夏之分，非我族類，其心必異，士之生於當時，誠難乎其爲士矣。余今乃以不明孔子春秋攘夷之旨譏維楨，關心民族文化之傳與夫國史正統之所寄者，其於此，可不惕然思，而憬然悟乎？後乎維楨，有明指元代不得爲中國史之正統者，已著於此文之正學篇，茲不贅。

又按：維楨門人宋元禧，有庸菴集十四卷，與維楨東維子集同收清代所編四庫全書中。同入元代別集類。提要有曰：

禧初名元禧，後改名禧，字元逸。洪武中召修元史，書成，不受職，乞還山。後與桂彥良同徵，主考福建，故明史列之文苑中，附見趙壎傳末。然集中題桐江釣隱圖有云：「黃冠漫憶賀知章，老病憐予簡書趣。」又寄宋景濂云：「當時十八士，去留各有緣。」而戴良贈以詩，亦有「麥秀歌殘已白頭，逢人猶自說東周」之句，則亦沈夢麟、趙汸之流，非危素諸人比也。

今按：元禧以維楨弟子，同受明祖之召，又同不受官而退，然其寄宋景濂詩有云：

我亦荐行邁，南閩涉山川。考藝非所任，冒往誰舍旃。知己諒輿閔，疲駑詎勝鞭。鬢髮日已短，貧病無由痊。策杖山野間，靜曠庶相便。擊壤或歌詠，忘憂臨澗泉。

是元禧雖不樂主考福建之徵，然固已赴之，故有「行邁涉山川」之云。殆自福建返，又獲策杖山野，忘憂澗泉也。抑且明史禧傳，固已明著其徵爲福建主考，並不有拒不受徵之語。四庫館臣，豈於此皆所不知，而必欲曲說其「非危素諸人之比」。此乃曲體清廷帝皇之意，必強誣其一心忠元，不屈於明廷，其意亦諒可悲矣。而馮雲濠宋元學案補遺，乃引據提要語，以志操皭然稱元禧，亦見讀書稽古之事之不易爲矣。

然元禧之存心，則仍與維楨無殊，蓋其本衷，固亦無意於出仕。故原字無逸，後改元逸，乃有意爲元代之逸民也。庸菴集卷十一送倪叔憚序有曰：

考亭師友，固嘗仕進矣。當其時，不以仕進為樂，而以授徒為安。以今觀之，則授徒之安，正未可以仕進易之，況未始仕進者乎？

當元之世，諸儒不以仕進爲樂，而以授徒爲安。其風既成，而南士尤甚，維楨之與元禧皆是也。文集又有題倪元鎭平遠圖，有小序，曰：

此畫吳郡倪翁元鎭所作。予聞張氏入吳時，聞翁名，欲官之。翁作漁人，乘扁舟，遁太湖萑苻中。猶焚香自適。張氏竟以此得翁，然終不能奪其志。

其詩曰：

菰蒲深處恨焚香，笠澤扁舟不可藏。誰倚疎林看山水，太平無事得清狂。

以漁人遁水澤，而猶不忘焚香，此亦見當時之士習。倚林看山，無事清狂，則當時士氣所湊。而當時羣士心中，猶不忘一道統。忠於一朝，當時羣士亦認爲卽道統所在。倪雲林以畫家名，然此意亦留著胸中，故拒張氏之邀，復卻明祖之聘。吳寬匏翁家藏集題倪雲林畫竹石圖，謂：「作於亂定後，乃國朝洪武之歲，而雲林爲書甲子，其意欲效陶靖節耶。」近人容庚，爲倪瓚畫之著錄及其僞作一書，自洪武元年戊申，至七年甲寅，共得畫四十五幅，皆只書甲子，不著年號。惟樹石小景一幅，款云「洪武壬子」。李日華謂其不類平日所作，斷其爲僞。余嘗徧讀其四十五幅之題詩及記，亦絕不見有滄桑興亡之變，而夷夏之辨，更所不論。雲林固高士，然既太平無事，得其清狂，何爲又效陶靖節之不忘故晉乎？雲林亦與鐵崖爲好友，一時羣士心情，實有爲後代人所難於想像者，特以附著於斯篇。

二　讀趙汸東山存稿

曩余在九龍沙田和風臺寓廬，曾草爲讀明初開國諸臣集一篇，備述明祖開國，雖曰復漢、唐之舊統，光華夏之文物，後人重其爲民族革命。然在當時文學從龍諸臣，意想似殊不然。或則心存韃庭，或則意蔑新朝。雖經明祖多方敦迫，大率怯於進而勇於退。實乏同仇敵愾之忱，更無踴躍奮迅之致，一若不得已而有浼者。其一時文臣儒士之風，覩於其文集之遺留者而可知。然當時獨未見趙汸之東山存稿。迄今始從四庫中閲讀，前後已隔十年矣。續草斯篇，辭氣詳略，容不能與前文相脗合，然大意固無異，可相證成，以見此一時士風之梗概也。

茲先錄其詩，病士云：

病鷹不忘擊，病驥不忘驤。病鶴俛不啄，仰睇霄漢長。惟有病士心，死灰不復颺，已疾且忘療，焉知民未康。多謝遊談者，勉旃思自強。

又浮邱祠有云：

浮邱説詩秦漢間，龎眉鶴髪映朱顔。適逢偶語幾棄市，又見慢儒來溺冠。飄然長往不知處，遺迹宛在軒轅山。年穀常豐物無厲，石泉一瑑薦甘寒。

其讀阮嗣宗詩有云：

種瓜寂寞青門外，采薇悵望西山址。

其古津渡夜談贈金元忠有云：

坑外竟逃眞學士，浮邱雅頌濟南書。

其觀輿圖有感云：

皓首陳王道，時君孰可匡。艱難思稷契，容易託齊梁。越豈資冠冕，秦方用虎狼。空聞歸大老，不復見鷹揚。

其偃蹇無用世意，可謂情見乎辭矣。

存稿附錄詹烜星源爲行狀，有曰：

壬辰兵興，壬寅春歸東山。時大明龍興，創業金陵，吾邑已附屬六年矣。有司奉命徵辟，繼以議禮召，皆以疾得辭。己酉，起山林遺士共修元史，先生在召中。曁竣事，得請還，未幾疾復作，捐世，得年僅五十有一。

是子常東山著述，尚在盛年。屢徵不起，雖以疾辭，讀其詩，以浮邱、伏生自況，而坑外之逃，似並不指元廷言。明史儒林傳子常褒然在焉，然迹其存心似不在明。此則讀其東山全稿而可確證也。

存稿卷二送操公琬先生歸番陽序有云：

聖天子既平海內，盡輦勝國圖史典籍歸於京師，乃詔修元史。起山林遺逸之士，使執筆焉。凡文儒之在官者，無與於是。在廷之臣，各舉所知以應詔。汸以衰病，屢謝徵命，亦誤在選中。不得終辭，舟過嚴陵，適前太史金華宋公景濂亦至，曰：「有詔召王子克於臨漳矣。」予曰：「汸衰病日增，非可出者，縱出，亦無補於事。所幸者，平生故人，重得一見於契濶之餘，事固非有偶然者。」蓋予與宋公，不相見者數載，而子克則十有餘年矣。既至京師，聞番陽操公琬先生，在書館臥病，旦夕以聞，卽可歸。自念自弱冠則知先生，而未獲一識，今乃得相見於此，豈非向所謂非偶然者乎？俄而以得旨為別，予辱知有所，遂進言於先生曰：「先生歸矣。士之在山林與在朝廷異，其於述作也亦然。纂釋羣經，折衷百氏，其說未必盡合於聖人，非素業與之相出入者不敢議。崇古學，貴文章，凌厲漢、唐，上擬三代，使窮鄉晚進謏聞淺見之士，目動神聳，不敢出聲以誦，自揆終身不能為者。又況陶冶性情，吟詠風月，或以單辭，或以偶句，為人所稱，皆足以名世。雖或無取於作者，於人非鬼責亦何有焉，此皆山林之士所得為也。若夫朝廷之士則不然。太史公綱羅舊聞，上接春秋，下迄麟趾，其序高帝創業，文景守成，至今使人如親見之。書封禪、平準，傳貨殖，皆謗書也，而後世以為謗。韓退之未遇時，欲作唐一經以垂無窮。既入史館，不敢有為。柳子厚苦辭迫之，曾不少動。僅以職事成順宗實錄數卷，卒困於讒口，竄走無完篇。司馬文正公受知神宗，作資治通鑑，垂十九年始就，而小人出鄙句以訾之。此皆鉅人碩德，名實孚於上下，以著書為大業者也，猶或所遭若是。今吾人挾其山林之學，以登於朝廷之上，則其茫然自失，凜然不敢自放者，豈無所懼而然哉！尚賴天子明聖，有旨卽舊志為書，凡筆削悉取睿斷，不以其所不能為諸生罪，蒙德至渥也。於是先生得以病辭歸，而支離昏昧如汸者，亦得以預聞纂修自詭，豈非其幸歟。然則汸於先生之行，獨不能無所感者，良有以也。」先生曰：「子姑遲之，吾待子於番、歙之間不遠矣。」

此篇備述當時心事。蓋元儒以隱淪不出爲常，出仕轉屬其變。子常遊九江黃楚望之門，又客館於臨川虞道園家，於春秋與易皆有撰述，亦以經術自娛。明祖起草澤，知慕士，而未必知禮士。馭來者如束濕，如驅羊。一時朝士，居則惴惴，去則忻忻。所謂民族大義，光復漢、唐舊統，誠千載難選一機會，而明初諸儒似無此想。子常此序，身在朝廷，意在山林，於此則慨慨，於彼則汲汲，顯然可以代表一時士人之心聲，固非子常一人如此也。

存稿卷五題吳君儀教授植芸軒卷後有云：

蓋嘗聞之，四海既一，風聲氣習，非復南州之舊。勝國遺老，每戒其子孫，以儒術苟不見用於時，則當退業農圃，或隱於醫卜。不然，寧小作商販自資，愼毋倚權勢，習刀筆，以壞心術，僨家聲，而貽後禍。

此一節文字，殆自元騎入主以來，南宋遺民，相戒相守，以延往日文化、學術、風俗生活之傳統於不絕之一線之精神命脈所在。以今日語釋之，可謂是一種不合作精神。朝廷、山林雙方距隔，而書院講學之風，較之南宋，其盛乃猶有過而無不及。然此乃值元治之初年，迄於子常之時，其先勝國遺老所以戒子孫者亦漸變。一方則書院講學山林自守之風尚盛，另一面則出仕用世之心亦漸萌。元初民間一種不合作精神，殆已漸滅垂盡矣。存稿卷二滋溪文藁序有云：

初，國家既收中原，許文正公首得宋大儒朱子之書而尊信之。及事世祖皇帝，遂以其說教冑子，而后王降德之道復明。容城劉公，又得以上求周、邵、程、張所嘗論著，始超然有見於義理之當然，發於人心而不容已者。故其辨異端，闢邪說，皆眞有所據，而非掇拾於前聞。出處進退之間，高風振於天下，而未嘗決意於長往，則得之朱子者深矣。當是時，海內儒者，各以所學教授鄉里，而臨川吳公，雍郡虞公，大名齊公，相繼入教成均。然後六經聖賢下學上達之旨，縷析毫分之義，禮儀樂節名物之數，修辭游藝之方，本末精粗，粲然大備。蓋一代文獻莫盛於斯。而俊選並興，殆無以異於先王之世矣。

是子常之意，殆若謂元治已無異於先王，而俊選並興，往昔勝國遺老之戒，儒術不用於世之虞，其事若已過去，不復在念慮間矣。又同卷治世龜鑑序，謂蘇氏「編爲此書，蓋學本先王而志存當世」，見其時儒士出而用世之心已躍然。至其言劉靜修「出處進退之間，高風振於天下，而未嘗決意於長往」，語尤婉轉，足以覘世變。蓋靜修之「高風振天下」，乃由前期元儒之仰敬；而謂其「未嘗決意於長往」，則乃後期元儒所爲之解釋。元代儒士心情意氣之前後相異，大可於此窺之。而如吳草廬輩之出仕，其影響於此一轉變者，亦可推知，不煩深論。

存稿卷二送江浙參政蘇公赴大都路總管序有曰：

今天下承平，朝廷閒暇，聖天子將登用眞儒，上稽唐虞，近鑒今古，建久安長治之策，極維持鞏固之方，以垂無窮。

是子常雖蟄居山林，耽玩經籍以自娛，然亦常以天下爲己憂，時欲賢者之出，以助成當代理想可能之聖治；此固隨時流露於文字間，有不自知而然者。

存稿卷二送鄭徵君應詔入翰林詩序有曰：

至正十五年冬，詔以新安鄭子美先生為翰林待制。先生堅辭不拜命，憲使周公親勸駕，其門生子弟進言曰：「今聖天子舉羣策以清海內，大丞相集眾彥以圖治功，不惜禁苑次對之職，起先生於山林。先生不出，如朝廷何？」先生翻然曰：「欲報朝廷者，吾素志也。」乃命趣裝。休陽趙汸贈言曰：「今為天下患者，盜賊而已。自淮、蔡發患，延於江、湖，所在蠭起。然視前代中世鉅寇，不能什一，疑若不足平。羣盜散據，非有漢七國、唐藩鎮之強。汸避地間關，朝不謀夕，每恨民間利害不得上聞，是以於鄉先生之行而竊致其畎畝之思焉。」

此亦分言山林、朝廷，而固主士之出山林而上報朝廷也。存稿卷三有賀鄭師山先生受詔命書，亦以「報朝廷」爲辭促其行。惟沿江兵起至正七年，方國珍起在八年，劉福通、徐壽輝等起在十一年，郭子興起在十二年，張士誠起在十三年。當其時，天下固已大亂，下距徐達兵定中原，先後二十年。下至子常應明祖召，入史館，又送操公琬，前後亦僅二十二年。往日所鄙視以爲不足平之盜賊，今已儼然爲吾之朝廷。往日所欲報之朝廷，今已爲塞外之亡虜。天地之變，遠出於當時儒生之想像，則宜其心懷之惶惑，而進退之無據矣。

余又案明史及宋元學案，謂師山：「絕意仕進而勤於教，學者門人受業者眾，所居不能容，相與即其地構師山書院以處。至正十四年，除翰林待制，遣使者以御酒名幣浮海徵之，辭疾不起。」則師山實未出。十七年，明兵入徽州，守將要致之，師山曰：「吾豈事二姓者邪？」因被拘囚。其妻使語之曰：「君苟死，吾其相從地下矣。」明日，具衣冠北面再拜，自縊而卒。師山元末大儒，以邃於春秋稱，而實未知辨夷夏。汪克寬環谷集師山行狀：師山曾再應進士舉不利，乃棄舉子業。是師山固有意於仕元者。王梓材學案補遺引其爲書喻諸生曰：「食人之食，則死其事。未食其食，奚死。然揆諸吾心未獲所安。先哲論殷三仁胥獲本心，吾初欲慷慨殺身以敦風化，既不獲遂死，今將從容就死以全節義耳。」此可謂拘君臣之小節，昧民族之大義，距孔子春秋之意實遠。郎瑛七修類稿謂師山「不受元爵，自當仕明」。然豈既受元爵，卽不當仕明乎？是亦同爲未明夷夏之大防者。抑以擬之危素，則似爲賢耳。當時士人，似可分三等。如師山之未仕元而死之爲一等，危素之既仕元而復仕明爲又一等，如趙東山之仕明，乃不得已一出，爲又一等。要之，皆未嘗有夷夏之防關其心也。其視明祖，亦曰敗則爲寇，成則爲王，如是而已。此元、明之際歷史上一絕大節目，所當大書特書而揭出之者也。

今復據宋元學案摘錄數事如次：

鮑深　字伯原。師山被召，伯原攝行師山書院山長。元兵復新安，伯原與其叔父仲安以義兵應之，時人稱「鄭門二鮑」。明師下徽州，復購師山，伯原先令遁去，使己子潁代入獄。榜掠百輩，度不可免，師山乃挺身出。伯原朝夕在獄，視其飲食。是伯原固亦忠於元廷，並起義兵師平盜賊。新安再陷，元軍復至，伯原被執，其帥欲殺之。伯原從容言曰：「山林遺民，捍禦鄉井，將軍奈何不撫綏之，而反殲之乎？」帥乃釋之。其子潁，洪武中以薦起，歷官翰林修撰，同知耀州，以非罪死，時伯原猶尚在。是伯原亦終不能承其師志，戒子弗出。豈其子亦山林、朝廷，遲回瞻顧，未能一心奉公，而終遭疑忌乎？則無可深論矣。要之，當喪亂之際，士之出處，良難善擇；而其不明夷夏之辨，則百口無以自解。

鮑元康 字仲安。師山當厄，謀於諸生，曰：「家破可以再營，師死不可再得。」傾家救之。是年，元兵來復新安，仲安與其從子伯原及師山弟璉，皆起義兵應之，出入山谷，積勞成疾，囈語諄諄，猶曰殺賊。竟卒。是仲安亦元之忠民。雖曰志衛鄉里，要之不知朝廷之非吾族類也。

師山族人鄭忠、鄭潛，皆隨事師山，而終仕於明。潛子桓，與唐仲實等同召對，亦仕明，坐方正學黨死。師山有遺戒與忠，曰：「我之死，所以爲天下立節義，爲萬世立綱常，汝輩所宜自勉。爲臣盡忠，爲子盡孝，以不辱爲親爲族足矣，何必區區悲慕耶！」然則忠之仕明，節義綱常何在，豈終無逃於不忠不孝之罪耶？

鄭璉 字希貢，師山弟。嘗仕元，又與鮑仲安同起義兵。師山之卒，謂璉曰：「汝當屈身以保家。」希貢泣應之。終其身不仕。是師山之教其弟子與家人，亦曰當知有鄉里、宗族，亦當知有朝廷，乃終不知有民族大義也。

唐仲實 名桂芳，學者稱白雲先生，與鄭師山、危太樸講學於歙之三峯精舍。元時薦除崇文學諭、南雄學正，皆不就。明祖幸歙，廷訪耆碩，召見。首問治天下要道，以「不嗜殺人」對。明祖大喜，賜尊酒粟帛，撫慰而去。今按：仲實有白雲集七卷，四庫提要謂明祖命之仕，以瞽廢辭，尋攝紫陽書院山長。其集中有龍鳳紀年，仍韓林兒年號。稱「大丞相」卽明祖。郎瑛謂師山「可以生而不生」，觀之白雲，可證矣。又汪克寬與師山早歲相知，同治朱子學。師山死，克寬爲作行狀，而克寬固亦膺明祖聘修元史，列名明代之儒林。若師山亦如白雲、環谷，屈身一出，進明祖以善言，豈卽爲失身失節？而和風所扇，或於明初君臣間，稍有羹梅之助。惜乎師山之智不及此也。

桂彥良 名德稱，以字行。慈谿人。元鄉貢進士，嘗爲書院山長，及平江路學教授。罷歸。張士誠、方國珍交辟，不就。洪武間，徵詣公車。時選國子生爲給事中，命彥良與宋濂、孔克表爲之師。彥良知無不言，明祖書其語揭便殿，謂諸大臣曰：「此彥良與朕論至於此，汝等宜親炙儒者。」並親謂彥良曰：「江南儒者，惟卿一人。」對曰：「臣不如宋濂、劉基。」帝曰：「濂文人耳。基峻隘，不如卿。」彥良上萬世太平治要十二策。帝曰：「彥良所陳，通邃事體，有裨治道。世謂儒者泥古不通，若彥良，可謂通儒矣。」請告歸。彥良仕於元，又臣於明，乃特爲明祖所喜。明祖評宋濂、劉基，語亦有分寸。而獨稱彥良爲「儒」，亦證明祖非不喜儒。時譏儒者泥古不通，苟其心嚮元室，亦非眞能泥古。明初君臣心事之向背離合，誠有難言者，亦不當專責明祖一方也。

陳麟 字文昭，溫州人。爲元進士，仕於元。亦以助平盜賊爲事。方國珍入鄞，要之相見。欲拒，歎曰：「吾不忍危其民。」單騎入謁，勸以勤王。國珍留之不遣，意欲脅臣之。文昭正色曰：「吾不欲使民塗炭，故隻身來，殺我非勇也。」國珍媿謝，置之海上。文昭自稱足疾，扶杖，著道士冠服，治田葺園，種牧自給。國珍時時遣人偵之，以爲眞廢，乃不加害。重興書院，與山中子弟講學。凡拘海上十年，移入鄞，又三年而國珍亡。文昭南遊閩中而卒。全謝山句餘土音謂文昭終不屈死。元儒在當時，皆以書院講學爲大事，亦以自安其身；而於一時起事者，皆以盜賊視之，不肯一屈身。如文昭之於國珍，亦其例也。

趙偕　字子永，慈谿人。學者稱寶峰先生。自謂：「吾故宋宗子，非不欲仕，但不可仕，且今亦非行道之時也。」然嘗謂孔子以道設教，而未嘗一日忘天下。故雖處山林，時有憂時之色。陳文昭爲慈令，執經請業，行弟子禮。方國珍據浙東，逼之仕，不起。是寶峰不仕元，特自以爲宋後，非以元爲胡虜故不仕。嘗寄聲危素於大都，曰：「疇昔所言聖賢時務，可行否耶？」是寶峰亦不忘行中國聖賢時務於元廷。其不屈於方國珍，非爲忠於元，亦鄙國珍爲盜賊耳。

吳當　字伯尚，草廬孫，仕元。順帝至元中，江南盜起，特授江西廉訪使，屢有功，爲參政朶歹所疾，構爲飛語，解兵柄，並除名。陳友諒陷江西，伯尚戴黃冠，服道士服，杜門不出，日以著書爲事。友諒遣人辟之，以死自誓，拘留江州一年，得歸隱廬陵。草廬生爲宋民，卒仕於元，則宜其孫之忠元矣。其不屈於友諒，更無足怪。

黎仲基　名載，臨川人。嘗謁草廬於郡學，湖廣左丞章伯顔徵爲太平路儒學教授。蘄、黃盜起，常以奇策助伯顔取勝。歸築室瓜園。洪武初，再薦不起。

王彰　字伯遠，金溪人。少從草廬學，登進士，除國子監博士。元亡，歸隱故山。

趙宏毅　字仁卿，晉縣人。嘗從吳草廬遊。仕元爲國史編修官。元亡，明兵入城，歎曰：「我今但有一死報國耳。」乃與妻解氏皆自縊。其子恭，爲中書管勾，亦與妻訣，曰：「吾父母已死，尚敢愛生乎？」遂公服向闕拜而縊死。

黃冔　字殷士，金谿人。仕元，爲翰林待制兼國史院編修官。元京破，歎曰：「我以儒致身，累蒙國恩，爲冑子師，代言禁林；今縱無我戮，何面目見天下士？」遂赴井死。此皆從遊草廬門，而忠於元者。如殷士所爲，更當使危素媿見於地下。鄭師山、趙宏毅、黃冔，元史皆入忠義傳。

余前論明初開國諸臣集，如宋潛溪、劉誠意、高青丘、貝清江諸人，皆文人也。趙子常，則儒林。上之所錄，前之如吳草廬，後之如鄭師山，皆蹁然一代儒宗。蓋自元騎入主，華夏大統中絕，諸儒僻處山林，講學書院，朋徒麕集，經籍義理，猶存兩宋之一脈，此不能謂無功。惟初則處畎畝以樂堯舜之道，繼則欲其君爲堯舜之君，而身進其道，以與天下共樂之，而忘其君之非我族類。孔子「被髮左衽」之歎，不復存於諸儒之心。反之六經大義，兩宋理學，固如是乎？元政既亂，吾華夏小民揭竿呼嘯而起，乃諸儒率鄙之爲盜賊，必欲痛懲嚴削之，而以保衛鄉里自解弛其助暴抑民之罪，並不悟此盜賊之亦出自吾鄉里也。自方國珍、張士誠、陳友諒之徒，蓋莫不知敬禮儒生，欲引與共圖大事，而諸儒率避之若浼。及元運已難挽，諸儒欲助元平亂衛鄉里之初望，終亦如夢之醒，乃不得已而勉就明祖之辟召。然亦姑爾一出，非有忠憤自發之忱。既相率一出而即歸，斯其久羈而被禍，固亦非可以專罪明祖之草菅諸儒；而諸儒之過於自尊其道，以理學大統自居，而不明古今之變，民族之大義，與夫時務之當先，亦不得辭其咎。然而明之崛興，漢、唐之衣冠重光，華夏之大統斯復，而有元一代羣儒山林講學之風，乃亦隨元運而澌滅。方孝孺罹十族之禍，尤爲明初蔑視儒臣之慘酷表現。逮及永樂間，詔修五經、四書大全，羣臣惟以鈔襲元儒成書塞責。明代儒學復興，尚遠在後。當其時，政治、學術，一與於上，一衰於下，其事乃相互錯差至斯。此亦治史者所當致以深慨，繼以深思，而慎加之以審論者。至於意氣之呵斥，與夫是非之申辨，固可無所用之也。

存稿卷五有克復休寧縣碑，敘至正十二年盜犯休寧，翌年克定，爲碑頌省宣使巴特瑪實哩之功德，有曰：

天子大聖，羣公至明，相臣凱還，大賚是經。朱芾彤弓，三錫彌光。為國虎臣，以守四方。

誦其文，若當軼漢、唐而媲雅頌。然曾不幾年，天子聖，羣公明，固已延殘息於大漠之外；而虎臣之守四方者，亦渺不復在。明初諸臣，既屢招而不至，又暫止而求去，其闇於時勢，昧於大義，則宜其有一番不能自安、不可告人之心情。東山一稿，不啻正當此心情寫照也。

存稿卷六邵庵先生虞公行狀，記一事曰：

嘗被旨撰一佛寺記，其處有前代遺迹。適進對，上問曰：「人言汝前代相臣子孫。今為是文，適美前事爾。」公對曰：「前代遠矣。其臣庶子孫不忘本初者，已鮮有能思其祖父。而不忘其祖父所事者，必忠孝之士也，臣不足以及此。能為陛下言此者，必忠孝人矣。今臣等幸以疎庸，際遇聖時，致位通顯，澤流後嗣。庶幾子孫世世不忘朝廷厚恩。則誠犬馬至願。故臣以為非忠孝之人不能為是言。」上目一侍臣歎異之。

道園元代鴻儒，亦子常所嚴事，嫗嫗道其事如此，口頰宛然，在當時讀書人心中，更何敢存絲毫夷夏之見乎？

存稿卷二有送高則誠歸永嘉序，謂：

高君登進士第，調官括蒼郡錄事。郡守前憲則徐公，卽學宮設絳帳，身率子弟迎君請業。行中書聞其名，辟丞相掾。俄台民弄兵城邑，有旨行省臣總諸郡兵平之，省臣擇君自從。君亦庶幾因得自效。浙東帥達公，以除兇為己任，一見君，歡然。既以論事不合，避不治文書。秩滿，卽日還省垣告歸。設俎豆觴客，曰：「余方解吏事歸，得與鄉人子弟講論詩書禮義，以時遊赤城、雁蕩諸山，頫澗泉而仰雲木，猶不失吾故也。」有起席末而言者，曰：「今中原多故，聖天子賢宰相，一旦懲膏粱刀筆之弊，盡取才進士用之，如吾高君，雖欲決遯山林，亦將不可得。」然則入踐廷宁，陪老成之讜議、出臨郡邑，布恩德於罷氓，使殊功茂績炳然一時，以答清朝設科盛意，豈非君乎？

是高則誠亦欲助元平亂，及其退歸鄉里，而子常之意，尚望其出建殊功，立茂績，以當聖君賢相報。雖託之他人之口，其與慫恿鄭師山之意，固無異也。是豈非昧於事機之甚者！高則誠以琵琶記著。何元朗曲論，謂高善王四，勸之仕，登第，卽棄妻贅於不花太史家。「琵琶」者，取其頭上四王。元人呼「牛」謂「不花」，故謂之「牛太師」。則誠亦膺明祖徵而拒不赴召，是亦忠於元者也。姚福青溪暇筆謂明祖嘗云：「五經、四書爲五穀，不可缺。琵琶記如珍羞百味，富貴家豈可無。」不知信否？然明代嘗禁元之劇曲，豈亦惡於如則誠輩之不屈而然乎？惜無可深論矣。

存稿卷二華川文集序有曰：

金華王君子克以文學進用已久，聖天子既混一華夏，卽詔修元史，乃起宋公景濂總其事，而以子克佐之。書將成，宋公入翰林為學士，子克為待制，此文運將開之候也。二公者，皆有志於復古，以周、秦、先漢之文辭，相與鳴國家之盛，使來者有所興起，其不在茲乎？

此始爲子常頌揚明廷文運將開，於東山集中爲僅見；然時已晚，又汲汲抽身求去，蓋意終不屬也。子常從學於虞道園、黃楚望。楚望入元已年十六，曾受元書院山長祿，既則閉門授徒以養親，不復出，卒於至正六年。道園亦宋遺民，入元在幼歲，仕元貴達，卒於至正八年。此兩人，一隱一顯。子常之屛迹窮經，其風近於楚望；而心存朝廷，不忘用世，其意則近道園。子常又與鄭師山地近通聲氣，師山以不出忠元，子常當亦受其感染。綜觀諸人，於元初勝國遺老堅貞不出，講道自晦之遺風，猶知仰慕。然如吳澄、虞集之輩，終不免於一出，則成爲或潛或躍，可進可退；而其所以潛與退者，乃無一明白之義理可據；乃不免以講學著書傳道自尊自解，而亦無可不以忠戴朝廷爲歸極。蓋元之季世，儒士跼促，其淺衷狹識，有無地自容之可悲者如此。如子常，意欲自比浮邱伯、伏生，不知秦滅漢起與元亡明興，其間情勢大不同，豈容相擬？抑浮邱之與伏公，尚知避秦而逃；而子常心中，終若依戀元廷，冀其猶可有爲，而使我仍得苟安於鄉里，然可以講學著書傳道自尊。識闇如此，則試問其學爲何學，其書爲何書，而其道又爲何道乎？故子常雖列名於明史儒林傳，而論其大體，則終是一元儒也。清代四庫全書以東山存稿列歸元代，而提要著入明之迹，此猶可說。至柯紹忞新元史，移子常入儒林傳，則子常明膺明祖之召，爲明初開國之臣，乃柯氏於傳中略去不提，著史之體豈宜有此例乎？民國肇造，亦有所謂清室遺民，亦復以儒自居，則更不足與元末諸儒相提並論。至於如南海康氏，以能治公羊春秋名，乃與張勳同創宣統復辟之役，此則與趙東山之治春秋，更不知相距幾何矣。

三　讀葉子奇草木子

葉子奇，明史無傳，而朱彝尊曝書亭集有之。何以爲明史最後所不采，則不知。朱傳云：

子奇，字世傑，龍泉人。用薦授巴陵主簿。嘗作太玄本旨究，通衍皇極之説。洪武十一年，以株連就逮獄中，以瓦磨墨，有得輒書。事釋家居，續成之，號草木子。其書究上下之儀、星躔之軌、律曆推步、陰陽五行、海嶽浸瀆戎貊稀有之物、神伸鬼屈土石之變、魚龍之怪。旁及釋、老之書，而歸於六籍。兼記時事失得，兵荒災異。曰「草木子」者，以草記時，以木記歲，以自況其生也。

又曰：

里人王毅從許謙游，受理一分殊之旨，子奇學於毅，曰：「聖賢之學，不貴多聞，以靜為主。」故自號曰靜齋。

則子奇亦儒學而駑於博雜者。草木子，清四庫有其書。其言曰：

天道不以理言，則歸於幻妄。

此言殊有理。後人辨朱子理氣論，必歸之唯氣一元，則其極非幻妄無歸矣。又曰：

儒、佛言性之旨，譬之明珠，均之為蚌生也。儒謂珠由內出，生於蚌胎。佛謂珠由外入，寄在蚌胎。儒本諸天，佛由諸己。此學者當辨其理。

竊謂此一辨亦有深致。珠由內出，生於蚌胎，所以儒者主天人合一。蚌胎生珠，其中必有理，故儒者又曰性卽理。盈天地唯一氣，亦唯一理而已。凡氣必歸之理，一切天理皆是理，此爲程朱嫡傳。若謂理在外，寄於氣，故佛家重此性而輕於天，天地爲幻妄，而此性唯可歸於涅槃矣。故上引草木子兩條，皆一義相發，而子奇於儒家傳統要旨，宜非無所窺見也。

草木子又曰：

化國之日舒以長，由其事簡也。亂國之日短以促，由其事繁也。

此言亦甚扼要。孔子論治而曰：「大哉堯之爲君也，巍巍乎唯天爲大，唯堯則之，蕩蕩乎民無能名焉。」又曰：「巍巍乎舜、禹之有天下也，而不與焉。」又許仲弓可使南面。仲弓論子桑伯子，曰：「居敬而行簡，以臨其民，不亦可乎。居簡而行簡，無乃太簡乎。」孔子然之。子奇似亦能窺見其深意。

然則子奇能言性理，又能言治道，殆明初能具深識之人；較之當時以詩文擅名者，應無多遜；而其書又多言元事，應亦非無見之言。其言有曰：

元朝自世祖混一之後，天下治平者六七十年。輕刑薄賦，兵革罕用。生者有養，死者有葬。行旅萬里，宿泊如家。誠所謂盛也夫。

如子奇之言，誠可代表明初諸臣心不忘元之一般心理，固不當輕忽視之。又曰：

北人性簡直，類能傾心以聽於人，故世祖既得天下，卒賴姚樞牧菴先生、許衡魯齋先生諸賢啟沃之力。及施治於天下，深仁厚澤，浹於元元。惜乎，王以道文統，行吏道以雜之，以文案牽制，雖足以防恣肆之姦，而眞儒之效，遂有所窒而不暢矣。

是謂元治雜以吏道，儒效不暢，亦中肯綮。又曰：

元末有危素太樸，江西人，游京師，專以倡嗚科舉無人才為說，人多信之。彼固以文章德行自居也。至正辛卯天下之亂，能死節者惟彭城張桓、安慶余闕、江州李黻、燕京陳子山，皆舉人也。危是時已累位至參政，獨首鼠皈降，上以其失節屢辱之，決以夏楚，安置滁州而死。

此譏危素之失節，固非助獎爲元而死節也。又曰：

元朝天下長官，皆其國人是用，至於風紀之司，又杜絕不用漢人、南人。宥密之機，又絕不預聞矣。其海宇雖在混一之天，而肝膽實有胡、越之間。

此處顯以分別種族界線論元治。當子奇之世，應人人知之，然立論及此者，似惟子奇一人。是子奇雖未以種族之見肆撻伐之意，而「非我族類，其心必異」之古訓，則舉世受之，而惟子奇能言之。子奇之在當時，洵如孤鶴之在鶩羣矣。又曰：

元朝末年，官貪吏汚，始因蒙古、色目人，罔然不知廉恥之為何物。

持論至此，乃可爲言人人之所不能言，而又其事昭然，固當人人知之而人人能言之者。此尤見子奇之卓。又曰：

元朝混一六合，百有餘年，而後江南得國。蓋自朱邪赤心始盛，至於元亡，首尾將五百年。孟子曰：「五百年必有王者興，其間必有名世者。」此之謂也。豈徒然哉！

子奇之爲此書，乃在獄中，及其事釋居家而續成之。不知其爲此條，乃在獄中乎，抑在事釋居家之時乎？要之言舉世之所不能言，可以雪舉世羣儒之恥矣。子奇之得罪，乃因有司祭城隍神，羣吏竊飲豬腦酒，縣學生發其事。子奇適至，遂株連。明祖蓋能知治國不得不用儒，而一時羣儒皆不樂爲用，故屈意自卑下以待羣儒；而又時時不吝嚴刑峻法，使諸儒不得不委屈爲己用。然亦有眞儒通明治道，堪於大用，而亦未嘗拒不受用如子奇者，乃明祖竟不知之。卽飲豬腦酒，亦何至遽受逮下獄；及其事釋，亦未聞朝廷有致歉疚重處用之意。然則羣儒之拒聘不出者，明祖乃始重之而又置憾焉，則羣儒之見幾而作，不俟終日，其情亦未可厚責也。

元治縱不足言，然歷代開國，儒士之盛，明代爲首。此皆羣儒在元代，意存遁隱，故得有此。明祖獎起之是也，而必欲鞭笞驅策之，則固大非。逮於明祖之歿，儒士之僅存堪大用者，寥寥焉，惟方正學孝孺，冠冕一代，而不免於靖難之變，尤遭極刑，儒統遂絕。

時餘姚有趙撝謙，朱彝尊曝書亭集有傳，亦詳明儒學案。洪武十二徵修正韻，撝謙時年二十八，亦應召。以年少，眾易之，然撝謙不爲貴顯所奪，以是不見錄。授國子監典簿。宋濂獨以爲不及，遣其子璲從游。方正學亦與善。及罷歸，築博古臺讀書其上，著書三百餘卷，後皆散佚。其爲造化經綸圖有曰：

> 博覽以致廣大，窮究以盡精微，凡大而天地之理，微而事物之故，明而禮樂之文，幽而鬼神之情狀，近而人物賢否邪正之分，遠而古今興衰治亂之迹，無一不當致知。疑事無質，知之為知之，不知為不知。

斯可謂有志於爲通儒之學者矣。又越十年，又因薦，召爲瓊山教諭，卒於廣城，時爲洪武二十八年，年僅四十五耳。是明祖之徵羣儒，特以其名，非能眞知其人而善養善用之也。如葉世傑、趙撝謙，年輩皆較晚，非早顯名於當世；明祖則處以微吏卑職，何嘗知護掖而成就之？故前輩高名，則崇視焉，又嫉視焉。俊秀之較後起而可有大成就者，每不拒聘，而朝廷不能用。故及明祖之卒，前輩凋謝，而後繼者少，朝廷乃若有無儒可用之阨。明祖雖竭意興學校，廣薦舉，又創「歷事監生」及「翰林院庶吉士」等諸新制，其用心用力，已遠勝於北宋之初。然以之振飭吏治可也，以之宏揚儒風，則非其道。此後儒學復興，如吳康齋、胡敬齋、婁一齋、陳白沙，皆跡近隱淪，近於元儒。陽明起，始積極從政，然先之以龍場驛之貶，繼之以平宸濠後之遭讒謗，此後王學之徒，不僅浙中、泰州，即江右門下，亦多隱淪是尚。及至東林起，乃正式以不尚山林而必以朝廷政務爲念，以相號召。然黨禍反覆，卒與明祚同終。蓋明祖之崇儒，其志終是偏重於吏治，而微忽於尊賢。知用臣，未嘗知崇道。故儒道之與吏治，其在有明一代，終無沆瀣相得之美，較之兩漢、唐、宋皆遜。此亦治明史與究明學者所值深切研討一問題也。

又按：明史及曝書亭集分載：

王冕 當元之季多逸民，冕其一也。（明史本傳）

劉永之 清江人。長春秋。嘗一至京師，宋濂欲留之，以耳聾辭歸。後以子獲罪當徙，卒於途。（曝書亭集卷六十四）

王翰 仕元爲潮州路總管，元亡浮海入閩。太祖聞其賢，強起之，翰自刎死。（明史陳友定傳、林鴻傳）

陳亮 長樂人。自以故元儒生，明興，累詔不出。（明史林鴻傳）

右四人，亦足證見明初士人心理之一斑。特附於此，其他不備列。

（此文第二節讀趙汸東山存稿曾刊載於一九七五年二月中華日報副刊，是年三月書目季刊八卷四期轉載。）

金元統治下之新道教

當宋明新儒學時代，北方金元統治下，有新道教之崛興。此事頗有關於北方社會經濟及文化之保存。蓋幾於西方羅馬覆亡後之基督教會也。元史釋老傳，分道家爲四派，曰全眞、正一、眞大道、太一。正一天師乃宋以前道教舊統，全眞等三派，則爲宋南渡後北方所新創，而全眞特盛。當時已有李道謙之祖庭內傳與七眞年譜、甘水仙源錄諸書記其梗概。清末東莞陳銘珪（友珊）有長春道教源流，近人新會陳垣（援菴）有南宋初河北新道教考，兩書鉤稽益詳。茲文特撮述大要。然亦多二陳所未及也。

全眞教創始於金之王嚞，所謂重陽眞人也。重陽，陝之咸陽人，生於宋徽宗政和二年，卒於金大定十年。方咸陽淪陷，重陽年已弱冠，劉祖謙終南山重陽祖師仙迹記稱其「少讀書，係學籍，又隸名武選」。核其年代，當屬宋建炎初。麻九疇鄧州重陽觀記謂：

重陽有文武藝，當廢齊阜昌間，脫落功名，日酣於酒。則其人蓋宋之忠義逸民，抱亡國之痛而憤激自放者。

劉祖謙重陽仙迹記又稱：

箕子狂，九疇敍。接輿狂，鳳歌出。……師掘地為隧，封高數尺，榜曰「活死人墓」。又於四隅各植海棠一株，曰「吾將來使四海教風為一家耳」。

則其爲隱遁佯狂可知。商挺題甘河遇仙宮詩謂：

子房志亡秦，曾進橋下屨。佐漢奠鴻基，矻然天一柱。要伴赤松遊，功成拂衣去。異人與異書，造物不輕付。重陽起全眞，高視仍闊步。矯矯英雄姿，乘時或割據。妄心知復非，收心活死墓。（元詩選）

是重陽當時，實曾糾眾起義。商挺元時人，乃敢揭其大節見於詩篇也。其後重陽東遊，講道於山東寧海州，其徒著者，有馬鈺號丹陽、譚處端號長眞、劉處玄號長生、邱處機號長春、王處一號玉陽、郝大通號廣寧，又馬妻孫不二號清淨散人，謂之「七賢」。而邱、劉、譚、馬尤著，謂之「四哲」。重陽生前，初不自標其教爲道家，在登州有三教玉華會，在萊州有三教平等會，又有三教七寶會、三教金蓮會、三教三光會等，凡立會必以「三教」名，不獨居一教。故常勸人讀道德經、般若心經及孝經。「三教歸一」之説，明儒頗唱之，實已導源於此矣。而重陽之自名其教則曰全眞，虞集道園學古錄所謂「豪傑之士，佯狂玩世，志之所存，求返其眞，謂之全眞」是也。其教旨：

> 大概務以安恬冲澹，合於自然，含垢忍辱，苦身勵行，持之久而行之力，斯為得之。（元張起巖勞山聚仙宮記）
>
> 其修持大略，以識心見性，除情去欲，忍恥含垢，苦己利人為之宗。（元徐亨郝宗師道行碑）
>
> 其學首以耐勞苦，力耕作。故凡居處服食，非其所自為不敢啖。蓬垢疏糲，絕憂患慕羡。人所不堪者能安之。調伏攝持，將以復其性。死生壽夭，泊然無繫念。（元袁桷清容居士集錦月觀記）

故其：

> 涉世制行殊有可喜。其遜讓似儒，其勤苦似墨，其慈愛似佛。至於塊守質朴，澹無營為，則又類夫修混沌者。（金辛愿陝州靈虛觀記）

蓋：

全眞道有取於老、佛兩家之間，故其寒餓憔悴，痛自黥劓，若枯寂頭陀然。及有得也，樹林小鳥，竹木瓦石之所感觸，則能穎脫，縛律自解，心光曄然，普照六合，亦與頭陀得道者無異。（金元好問遺山文集離峯子墓銘）

其教始以修眞絕俗，遠引高蹈，滅景山林，如標枝野鹿，漠然不與世接。終之混迹人間，蟬脫泥滓，以兼善濟物為日用之方。豈以道眞治身，以緒餘為國，以土苴治天下乎？（元王惲秋澗集徽州胙城縣靈虛觀碑）

大率當時所以稱全眞教者具如此。論其大體，誠爲兼綜儒、釋、道三家之一種教義也。又據元王利用無爲眞人馬宗師道行碑：

馬丹陽問重陽何名曰道，重陽曰：「五行不到處，父母未生時。」

此卽老子「有物混成，先天地生」之說也。濂溪太極圖說云：「無極而太極，太極動而生陽，動極復靜，靜而生陰，陰陽變合而生水火木金土。」重陽以「五行不到」說道，亦其義也。其曰「父母未生」，則禪家舊說也。又尹淸和（邱長春弟子。）北遊語錄云：

長春師父言：俺與丹陽同遇祖師學道，祖師令俺重作塵勞，不容少息，而與丹陽默談玄妙。一日，閉戶，俺竊聽之，正傳谷神不死調息之法。久之，推戶入，卽止其說。俺自此後，塵勞事畢，力行所聞之法。

又云：

祖師將有歸期，於四師極加鍛鍊，一日之工如往者百千日，錯行倒施，動作無有是處。長春師父默自念曰：「從師以來，不知何者是道，凡所教者皆不干事。」一日乘間進問，祖師答曰：「性上有。」再無所言。後祖師臨昇，謂長春曰：「爾往日嘗有念云：『凡所教我者，皆不干事。』爾曾不知不干事處卽是道。」

據此知全眞傳授亦極有禪門風趣。重陽告長春曰「性上有」，此卽「運水擔柴莫非神通」也。又曰「不干事處卽是道」，此猶莊子云「道在螻蟻、稊稗、瓦甓、屎溺」也。知道之無不在，卽知道之未始有在，至是而性與道始通爲一，此又佛家「六行萬度，不染不著」之宗旨也。惟禪宗歸之一切空，宋儒則轉而爲存天理，明明德，用之於修身齊家治國平天下。今全眞教旨非儒非釋。所以爲非儒者，全眞諸祖師皆亡國逸民，丁陽九之厄，苟全性命，本不作治平之想。所以爲非釋者，全眞諸祖師驚心世亂，志切救難，亦豈忍謂之一切空。又所以爲非莊老者，莊老淡漠，全眞懇摯。莊老玩世，全眞則轉而求淑世。故彼輩之制行，乃似墨徒，如邱長春之於王重陽，恰似禽滑釐之師墨子，其刻實篤行之風，捨墨徒殆無與擬。尹淸和北遊語錄云：

長春師父至謙至下，大悲大慈，所出之言，未嘗一毫過於實。

此一「實」字，大可注意。全眞之「實」，近於儒家之「誠」，而遠於莊老之所謂「樸」與「眞」，此則由其意態之不同。北遊語錄又云：

嘗記有人勸長春師父少施手段，必得當世信重。師父不顧。至於再三，勸者益甚，師父大笑，曰：「俺五十年學得一個實字，未肯一旦棄去。」

又云：

陳秀玉嘗謂人曰：「吾所以心服邱長春者，以其實而已。」嘗與論教，有云：「道、釋雜用權，惟儒家不用。」非深明理者不能有此語。

觀此，知全眞諸師制行涉世實最近儒。惟儒者志求上達，常期得君行道，治國平天下；全眞諸師則志在下行，深入社會下層，與貧苦民衆交接，故其風格又似墨耳。重陽之學一傳爲邱、劉、譚、馬，而邱、馬之道行又各自有別。以禪家相擬，重陽如五祖弘忍，邱、馬則慧能、神秀之分宗矣。北遊語錄云：

四師眞成道有遲速。丹陽二年半，長眞五年，長生七年，長春師父至十八九年。

又云：

長春師父嘗言：「我與丹陽悟道有淺深，是以得道有遲速。丹陽便悟死，故速。我悟萬有皆虛幻，所以遲。」

又云：

丹陽師父以無為主教，古道也。至長春師父則教人積功行，存無為而行有為。

棲雲子王志謹盤山語錄論此甚詳，其言曰：

或問：識得一，萬物畢，又云抱玄守一，一是甚麼？師云：乃混然之性，無分別之時也。既知有此，卽墮於數，則不能一矣。一便生二，二便生三，三生萬，如何守得，不若和一也無。故祖師云：「抱玄守一是功夫，地久天長一也無。」這箇「一也無」處，卻明出自己本分來，卻不無也。故經云：「知空不空，知色不色，名為照了。」……或問：丹陽眞人以悟死而了道速，其旨如何？答云：修行之人，當觀此身如一死囚，牽挽入市，步步近死，以死為念，事事割棄，雖有聲色，境物紛華，周匝圍繞，目無所見，耳無所聞，念念盡忘，此身亦捨，何況其他。以此鍊心，故見功疾。……修行人若玄關不通，當於有為處用力立功立德，久久緣熟，自有透處，勝如兩頭空擔，不能無為，不能有為，因循度日。長春眞人云：「心地下功，全拋世事，教門用力，大起塵勞。若無心地功夫，又不教門用力，請自思之，是何人也。」……昔在山東十有餘年，終日杜門，以靜為心，無人觸著，不遇境，不遇物，此心如何見得成壞，便是空過時光。夫天不利物則四時不行，地不利物則萬物不生，不能自利利他，有何功行。故長春眞人云：「動則安人利物，與天地之道相合也。」

此處見丹陽、長春二人道行不同處。丹陽之學似多參佛理，獨善之意爲多。長春之學似多參儒術，兼善之意尤切。而兩人之學皆出重陽。蓋重陽宗老子而兼通儒、釋，而丹陽、長春則學焉而各得其性之所近。二子者，亦如佛學之分空、有，禪宗之別頓、漸也。慧能出弘忍門，而與神秀不同，然未嘗自異於五祖，而禪宗之盛則端始慧能。全眞教之確立，亦當以邱長春爲之主。惟長春實當稱爲全眞之北宗耳。

馬、邱異行，其間亦有時世因緣。丹陽學道在金世宗大定八年，其化在二十三。金世宗號「小堯舜」，其時與宋通好息兵，北方粗安，故丹陽得以無爲立教。長春晚年則値蒙古崛起，長春愍物詩云：「天蒼蒼兮臨下土，胡爲不救萬靈苦。」又曰：「皇天后土皆有神，見死不救知何因。」其悲憫爲懷，不得不以有爲爲教者亦時也。至其於塵勞中悟無爲，於至實處悟萬有皆虛，於功行積累中見透心地，下學上達，一以貫之，洵不媿此教之龍象。北遊語錄云：

丹陽以無為主教，長生無為、有為相半，長春有為十之九，無為雖有其一尚存，而勿用焉，道同時異也。

又云：

有人問道於長春師父，答曰：「外修陰德，內固精神。」（按：此即答元太祖語。）

此八字極平實，極淺近，然已道出畢生之功行與修持矣。時兵革滿河朔間，宋、金各遣使來召，同時蒙古亦使劉仲祿來；人皆謂其當南行，處機乃北邁。有詩云：「十年兵火萬民愁，千萬中無一二留。去歲幸逢慈詔下，今春須索冒寒遊。不辭嶺北三千里，仍念山東二百州。窮急漏誅殘喘在，早教身命得消憂。」（金蓮正宗記邱長春條。）長春遂面見元太祖。太祖問以長生之藥，對曰：「但有衛生之道，無長生之藥。」太祖愛其誠，屢召見，即勸以勿嗜殺人。（同上。）今傳長春眞人西遊記，誌其行迹。玄風慶會錄（見道藏。）誌其問答。陳銘珪云：

邱長春當殺運方熾之時，以七十餘歲老翁，行萬數千里之絕域，斷斷然以止殺勸其主，使之回車，此則幾於禹、稷之己溺己飢，而同符於「孔席不暇暖，墨突不得黔」之義。

元史釋老傳亦言：

太祖時方西征，日事攻戰，處機每言：「欲一天下者，必在乎不嗜殺人。」及問為治之方，則對以敬天愛民為本。太祖深契其言，命左右書之，且以訓諸子。又其時國兵踐蹂中原，河南北尤甚，民罹俘戮，無所逃命。處機還燕，使其徒持牒招求於戰伐之餘，由是為人奴者得復為良，與濱死而得更生者，毋慮二三萬人，中州人至今稱道之。

元商挺大都清逸觀碑有云：

長春每語眾：今大兵之後，人民塗炭，居無室、行無食者皆是。立觀度人，時不可失，此修行之先務，人人當銘之心。

故全眞初創，由於遺民忠憤，佯狂避世。及其全盛，則轉爲教主慈悲，圓宏救度。此自別有一段精誠貫徹，所爲與往日黃冠羽士神仙方伎者流異趣；而彼輩之所以仍必託於黃冠羽士間者，厥因亦在此。

蓋嘗論之，中國北方黃河流域，當五胡、北魏時代膺受第一次大災禍。其時則賴士族大家庭勢力支撐彌縫，使社會經濟於破毀中復甦，傳統文化亦藉以保留。佛教雖在此時傳播，然乃乘虛而入，其於經濟文化保育護全之力，則實在當時大門第之下。至金、元時代，北方又受第二次大災禍。其時則士族門第已不存在，社會無可屏蔽。全眞教諸祖師乃借宗教爲掩護，其所以弭殺機，召祥和，爲社會經濟保存一線生機，爲傳統文化保存一脈生命，正猶西方羅馬覆亡以後之基督教會也。此乃全眞教在當時之大貢獻。然正亦因此，遂使彼輩仍與道教舊統發生聯繫，於是有將王重陽之道統上接呂洞賓、鍾離權、劉海蟾，而有所謂「五祖七眞」之說者。（五祖謂東華子、鍾、呂、劉及王重陽也。七眞本爲王重陽及馬、譚、劉、邱、王、郝六子，因以重陽上列五祖，故增孫不二爲七眞。見金蓮正宗記。）於是有由全眞家而刊行道藏，如元太宗時，有全眞道士宋披雲等重刊之藏經於平陽，是爲元藏，以自接以往道家之統緒。但因此而全眞教乃終不得不爲傳統道教大流所吞淹。故全眞教雖爲創教，而仍非創教。雖與以往舊道教不同，而仍無以與舊道教割席分坐。無以名之，則名之曰新道教。

全眞教以外，尚有眞大道教，始自金道士劉德仁，生宋宣和，卒金大定，與王重陽年代略相當，亦宋之逸民也。虞集道園學古錄論之云：

> 眞大道以苦節危行為要，不妄求於人，不苟侈於己。……金有中原，豪傑奇偉之士，往往不肯嬰世故，蹈亂離，輒草衣木食，或佯狂獨往，各立名號，以自放於山澤之間。當是時，師友道喪，聖賢之學，澌滅殆盡。惟是為道家者，多能自異於流俗，而又以去惡復善之說勸諸人。時州里田野，各以所近而從之。受其教義者，風靡水流，散於郡縣，皆能力耕作，治廬舍，聯絡表樹，以相保守，久而未之變也。（真大道教第八代崇玄廣化真人岳公碑）

虞氏將眞大道教對當時社會經濟與文化傳統之影響描述已盡。眞大道教如此，全眞教亦可推想，所謂各立名號，並無二致也。又宋濂宋學士文集有書劉眞人事，記劉德仁創教大義：

一曰視物猶己，毋萌戕害凶嗔之心。二曰忠於君，孝於親，誠於人，辭無綺語，口無惡聲。三曰除邪淫，守清靜。四曰遠勢力，安賤貧，力耕而食，量入為用。五曰毋事博弈，毋習盜竊。六曰毋飲酒茹葷，衣食取足，毋為驕盈。七曰虛心而弱志，和光而同塵。八曰毋恃強梁，謙尊而光。九曰知足不辱，知止不殆。……傳其道者幾遍國中，……蓋其清修寡欲，謙卑自守，力作而食，無求於人，實與天理合。天理人心所同，固足以感召。

此文可見當時創教者之身世與其苦心。蓋其時之新道教，大抵皆陽道而陰儒；非儒術不足救世，而儒術非掌握政治教育之權勢位望則其道扞格，故改修老子之道以自晦。儒術期於上達，今則一意下行，此當時新道教之共同精神。所以不之釋而之道者，或者其猶有種姓之見存歟？此則史文不備，未可深論也。眞大道教之衰微，亦與全眞教相似，蓋在有元中葉之後。

全眞教、眞大道教之外，復有太一教。始祖蕭抱珍，據王惲秋澗集二祖蕭道熙行狀，抱珍卒於金大定六年，早於全眞王重陽者四年，則亦宋之逸民也。河北之亡，抱珍蓋亦弱冠矣。太一教史料多見秋澗集，三代度師先考王君墓表謂：

道家者流，雖崇尚玄默，而太一教法，專以篤人倫翊世教為本。

則太一教亦爲一種陽道陰儒之教。是知全眞、眞大道、太一三教大體，無甚出入也。今若論此諸教之理論著述，以視宋明理學諸儒，則謹嚴深博，顯見不如。然其宏教衛族之苦心，曲折以赴，亦可謂之有體有用。較之宋代新儒學，未必不爲有異曲同工之妙矣。

又按：金有李純甫，著屛山鳴道集說，以老、莊、孔、孟、釋迦爲五聖人，此亦一「三教合一」也。同時講友如閒閒老人趙秉文之類，路徑大致相似。至元初湛然居士耶律楚材亦深推屛山之學。此一派皆崇佛教，與全眞、眞大道、太一遙遙相對。耶律楚材終與邱長春成隙，而萬松弟子少林福裕訟全眞於元憲宗，八年戊午，遂有道、釋大辯論及焚毀道藏之事。嗣至元十八年辛巳，道藏又二次遭焚。全眞諸教雖不遽以是而熸，然一帶宗教面目，則相互衝突自不能免。直待明儒繼起，以儒家地位而談三教合一，始無軋轢之禍。此亦可附記者。

（民國三十五年十月南京中央週刊八卷三十七期，一九六六年七月香港人生雜誌三十一卷七期轉載。）

理學與藝術

一

藝術從人生中流出，成爲人生中重要一部分。故貴能從人生來看藝術，亦貴能從藝術來看人生。人生不同，斯藝術亦不同。東西文化不同，人生不同，而東西雙方之藝術亦有不同。不僅惟是，即專就中國言，古今遞傳，垂四千年，文化雖同一傳統，然因時代社會不同，而各時代之人生亦有不同，於是各時代之藝術亦隨之有不同。

如商周有鐘鼎彝器，而後代無之。宋以後磁器盛行，亦非前代所有。如論書法，南北朝時代，南方擅帖書，以新興行草爲主；北方長碑書，帶古代隸體，爲較老之傳統。帖書多用於日常人生，碑書則多以刻石，用於名山勝地佛、道大寺院，以及名臣貴族死後之墓地。下及唐代，碑帖漸合流，而南方風格占優勢，至宋益然。此何故？亦惟時代不同，社會人生不同，而藝術亦隨之異宜。

再論繪畫，在前亦以壁畫刻石爲主。其應用範圍，亦多在王室宮廷，貴族門第，道、佛宗教圈內。中唐以前，仍沿南北朝舊軌，以宗教道、釋畫爲盛。政治方面，十八學士圖有兩次，凌煙閣功臣圖有四次。其他如貞觀時代之王會圖，玄宗封泰山之金稿圖，貞元畫漢名臣之屏風圖，皆關涉政府大典。至於山水花鳥民間日常之觀賞畫，則在中唐以前，可謂尚未興起。此何故？亦惟時代社會不同，人生不同，而藝術亦隨之而不同。

論中國古今社會之變，最要在宋代。宋以前，大體可稱爲古代中國。宋以後，乃爲後代中國。秦前，乃封建貴族社會。東漢以下，士族門弟興起。魏晉南北朝迄於隋唐，皆屬門第社會，可稱爲是古代變相的貴族社會。宋以下，始是純粹的平民社會。除卻蒙古、滿洲異族入主，爲特權階級外，其昇入政治上層者，皆由白衣秀才平地拔起，更無古代封建貴族及此後門第傳統之遺存。

故就宋代言之，政治經濟，社會人生，較之前代，莫不有變。學術思想乃如藝術，亦均隨時代而變。就時代之先後言，一時代有一時代之學術思想，亦如一時代有一時代之藝術，固皆隨時不同。但若通就每一時代之横斷面言之，則若時代中之一切，又莫不有其相互近似之共通性。本文專拈宋代爲例。理學亦稱宋學，乃當時之新儒學，在中國學術思想史上，其爲變尤著；而宋以下之藝術，亦復與之相應。故本文以理學與藝術爲題，發揮此意。關於藝術方面，則專論繪畫一項。舉一反三，事在讀者。本文竊願爲治中國藝術史者之大略椎輪，導此一先路。

唐代張彦遠歷代名畫記，備敍古今南北畫風相異，而曰：

胡服靴衫，豈可施於古象；衣冠組綬，不宜長用於今人。芒屩非塞北所宜，牛車非嶺南所有。詳辨古今之物，商較土風之宜，指事繪形，可驗時代。

宋郭若虛圖畫見聞志則曰：

佛道人物，士女牛馬，近不及古。水石山林，花竹禽魚，古不及近。

此皆就畫論畫，由於各時代社會人生之變，而繪畫上之題材與作風亦隨而變。今爲推廣深求，旁通之於學術思想方面，而發明其內在相互之關係，則所可闡述者，當決不止此。繪畫與其他藝術，皆僅屬人生之一方面，一部分。我所謂就藝術觀人生，就人生觀藝術，其用心措意所在，當遠爲開濶。此爲本文之作意。

二

今論宋代理學之與繪畫藝術，當先逆溯而上，略論宋以前之演變。就學術思想言，略去秦前不論，姑分兩漢爲經學時期，魏晉南北朝迄於唐初，爲莊老玄學與佛學時期。唐以下迄於五代，爲禪學時期。宋、元、明三代爲理學時期。相應於此四時期學術思想之遞變，而中國之繪畫史，適亦有此四時期可分。

兩漢畫風，可舉張彥遠歷代名畫記「助人倫、成教化」之六字爲之標宗，此卽三國曹子建所云「繪圖存乎鑒戒」也。蓋在當時，尚未有一切藝術與繪畫之獨立觀念，繪畫僅是政治教育上之一種應用品。此層爲研討中國文化史者一極值注意之事項。蓋中國文化發展，先從一中心逐漸展開。卽如文學，直至東漢始有文苑傳，可證其先如詩三百，如楚辭，如漢賦，純文學之發展，久已可觀；而在中國古人心目中，則文學尚未達成一獨立觀念。而繪畫之達成一獨立觀念，則猶在文學之後。

其次是魏晉南北朝，可舉南齊謝赫古畫品錄所舉之六法爲例。六法者，一曰氣韻生動。二曰骨法用筆。三曰應物象形。四曰隨類賦彩。五曰經營位置。六曰傳移模寫。謝赫六法，極爲後代畫家所稱重。郭若虛圖畫見聞志有曰：

六法精論，萬古不移。

然若就中國畫史進展言，則謝赫六法，僅涉畫藝，僅論作畫方法。畫之爲技，乃猶離人而外在。其時繪畫已成獨立觀念，而繪畫在整個人生中之地位，則猶未鮮明。此處又見中國文化進展之另一重要步伐，値得注意。中國文化進展，先由整體一中心出發，其次逐漸向四圍分別展開。又其後，乃再各自回向中心會合調整。如文學直到東漢始成獨立觀念，及唐代，詩有李、杜，文有韓、柳，始再回向中心，而創「文道合一」之新觀念。畫學亦然，惟其事須待至宋代，乃始有「畫道合一」之新觀念。此所謂「道」，乃指整體人生之中心所在，亦卽中國文化之主要精神所在也。故中國文化雖與時俱新，而後之與前，仍屬一體。後代之開新，僅對前代之成就作更深更廣更高厚之發展，不爲對立之代興，更不見有破壞之攻擊。故中國文化緜亘數千年，雖亦富有日新，而不失其傳統之一貫。此尤見中國文化之至高價値，而卽可以繪畫史爲證。

繪畫在唐代禪學時期，首當以王維爲代表。宋蘇軾云：

味摩詰之詩，詩中有畫。觀摩詰之畫，畫中有詩。

是王維始以詩境入畫，遂開中國繪畫之新生面。以今語闡之，卽是以整體人生滲入繪畫之中。及張璪乃云：

外師造化，中得心源。

此兩語，可舉爲禪學時期論畫之綱宗。在先南朝陳姚最續畫品已云：「梁元帝學窮性表，心師造化。」今乃舉張氏兩語爲禪學時期論畫之劃時代語者，此亦見中國文化特質。師承有自，而不害其有創闢。新論特出，而不害其有淵源。畫學分期，本是方便立說，未可拘泥以求。

以前謝赫六法，畫家作畫，主於對外物形象，一一分別爲之描繪模寫；今曰「師造化」，則萬物羣類，均當融歸一體。其對外物之看法，輕重不同。李思訓之金碧山水，經王維而變爲破墨山水，可悟其中消息。又有不同者，謝赫六法，僅限於畫品，而不及於畫家。張璪「外師造化，中得心源」兩語，始將外物與內心，畫品與畫家，兼融合一。此爲兩時期畫論之主要相歧。更有一義須爲指出，吟詩之與作畫，文學之與藝術，旣已歸根復源，匯融於人生實體中；而禪宗時期之人生觀，則外無物，內無我，一是歸於涅槃。王維詩：「雨中山果落，燈下草蟲鳴。」此誠可謂詩中有畫。然此雨中燈下，山果之落，草蟲之鳴，則已融成一片天機，不當復爲分別，有雨、有燈、有果、有蟲之各別存在，與夫雨中、燈下、果落、蟲鳴之各別境界。只此卽是一造化。而更要者，在此雨中燈下果落蟲鳴之際，乃不見有人，卽是不見有我。明明在雨中燈下，有此人，有此我，而詩中則只有蟲鳴果落，於此乃見禪味。故張璪所謂「外師造化，中得心源」，乃指其心之融於造化，而亦不見有心，此卽禪家之所謂悟。王維論畫亦曰：

雲峰石迹，迥出天機。筆意縱横，參乎造化。

此所謂「天機」，卽猶張璪之云「心源」也。故謝赫論六法，有畫品，無畫家。主於形象，偏傾在外，遂使人僅重畫中之物，而不重畫者其人。最多亦是人以畫重，無此畫卽無此人。王維、張璪則欲超乎物外，心與物融，而於畫中見造化。於是先貴有心中之天機，乃能有筆下之造化。必先有此畫家，乃能成此畫品。作畫之能事，乃先在於其人未畫之前。然其所畫内容，則終是以在外者爲主。亦猶禪家由我生悟，但悟了卽無我。則是所悟亦在外也。

禪學至於唐末、五代而大盛，然生民災禍，亦至此而極。若論造化，於造化中終不能抹殺了人生。若論人生，於人生中亦終不能抹殺了有我。此下遂開有宋之新儒學，而理學由此興。

今姑舉程明道詩句有曰：

萬物静觀皆自得，四時佳興與人同。

此乃自造化觀重返到萬物觀。造化中有此萬物，萬物在造化中亦各有所自得。人居萬物之一，豈至於人而獨無所自得？佳興與人同，不僅指我與人同，乃亦指天與人同。四時佳興在天亦在人，故曰「與人同」也。物各自得，是一物一太極。天與人同，是萬物一太極。理學家乃於造化中主有我，此爲與禪家不同處。

朱晦菴詩有曰：

半畝方塘一鑑開，天光雲影共徘徊。問渠那得清如許，為有源頭活水來。

此卽猶張璪之所謂「外師造化，中得心源」，而寓義大不同。天光雲影，徘徊於水塘一鑑之上，是猶謂造化卽在我方寸中也。萬物皆有自得，正爲得此造化。造化能入吾心，亦正爲我心之有源頭活水。而此心源活水之本身，實卽是一造化。如是則造化在我，何煩別立「無我」一義。有我、無我，正爲禪學與理學之疆界所在。

本此而言繪畫。我之此心投進外面自然界，沒入融化，此心釋然，乃達無我涅槃境界。故禪學時代之畫境，必至於「無我」。我心澄然豁然，外面自然界投進我心，沒入融化，斯則造化在心，達於自得之境界。自得卽有我，故理學時代之畫境，必然主於「有我」。此一分別，卽觀於宋人之畫論而可知。此下略引宋人畫論，以證我說。

三

最先當引歐陽修文集試筆中鑒畫一則，其言曰：

蕭條淡泊，此難畫之意。畫者得之，覽者未必識也。故飛走遲速意淺之物易見，而閑和嚴靜趣遠之心難形。若乃高下嚮背，遠近重複，此畫工之藝爾，非精鑒之事也。

永叔非畫家，其時亦尚未有理學，此條所言，乃在理學成立之前。然特提出「畫意」兩字，則大可注意。蓋言畫意，則作畫之心，更重於所畫之物。故又輕視畫工之藝。此非輕視於畫，乃是於畫藝有新要求。其謂飛走遲速，此屬自然造化，而特謂其「意淺易見」。閑和嚴靜，則正畫家內心自得處，而特謂其「趣遠難尋」。若以合之東坡之評摩詰，則「詩中有畫」易，而「畫中有詩」難。畫中有詩，卽是畫中有意，畫中有我。永叔此條，乃見其時繪畫界新風氣肇始；此乃時代人心之所共同追尋，而永叔特先得之也。

郭若虛圖畫見聞志則曰：

人品既已高矣，氣韻不得不高。氣韻既已高矣，生動不得不至。所謂神之又神而能精焉。

此始是就畫論畫，而特提出「人品」一觀念駕於「氣韻」之上，則不得不謂是宋代人之新觀念。在玄學、佛學以及禪學時期，皆不曾在畫中有人品一觀念之產生。南宋姜夔白石論書則曰：「一須人品高。」明代文徵明題畫則曰：「人品不高，用墨無法。」可見藝術中有人品一觀念，已爲後人承襲，而遂成爲論畫首要一重點。謝赫六法首言氣韻，所重在畫。今言人品，則所重在作畫之人。前人乃以其能畫，始目爲畫家。今則謂當先具畫家之水準，始能作畫。畫之高下，更要在作畫者之人品，此不得不謂是在中國畫史上先後觀念一大轉變。

蘇軾亦曰：

觀士人畫，如閱天下馬，取其意氣所到。乃若畫工，往往只取鞭策皮毛槽櫪芻秣，無一點俊發，看數尺許便倦。

東坡此言，亦如永叔。對於畫之鑒賞，亦屬人生一藝術，而主要皆在意境方面。

南宋鄧椿畫記亦曰：

畫者，文之極也。張彥遠所次歷代畫人，冠裳大半。其為人也多文，雖有不曉畫者寡矣。其為人也無文，雖有曉畫者寡矣。

曉畫亦兼鑒賞言。士人之與畫工，多文之與無文，亦皆言人品。鑒賞者與作畫者乃成爲一種人格之共鳴。此等見解，皆前人所未及也。鄭剛中北山集畫說亦言之，曰：

唐人能畫者鄭虔，窺造化而見天性。雖片紙點墨，自然可喜。立本幼書丹青，而人物闒茸。雖能模寫窮盡，亦無佳處。故胸中有氣味者，所作必不凡。而畫工之筆，終無神觀。

此於鄭虔與閻立本兩人，軒輊甚至。立本之於畫，負一代美譽，今剛中下儕之於畫工，可證時代觀念之變矣。

畫家辨人品，主要在論其心胸。郭若虛圖畫見聞志又曰：

得自天機，出於靈府。

此與張璪所云「外師造化，中得心源」義又不同。張意謂由我此心外師造化而有畫，郭意則謂畫出靈府，乃由我心天機所得。而所畫外面，轉置不論。蘇軾亦言之，曰：

畫竹必先得成竹在胸中，執筆熟視，乃見其所欲畫者，急起從之，振筆直遂，以追其所見。如兔起鶻落，少縱卽逝矣。

此一條，正可爲郭若虛「得自天機，出於靈府」八字作注腳。董逌廣川畫跋亦曰：

明皇思嘉陵江山水，命吴道玄往圖，及索其本，曰：「寓之心矣。」詔大同殿圖本以進，嘉陵江三百里，一日而盡，遠近可尺寸計。論者謂丘壑成於胸中，既寤則發之於畫，故物無留迹，景隨見生，殆以天合天者耶。

此謂「丘壑成於胸中」，即猶東坡云「成竹在胸」也。雖引吳道玄爲證，然此等意見，不害其爲一代之新趨。又曰：

燕仲穆以畫自嬉，山水猶妙於眞形。登臨探索，遇物興懷，胸中磊落，自成丘壑，然後發之。

其書李成畫後又曰：

咸熙於山水泉石，巖棲而谷隱，蓋生而好也。積好在心，久則化之。凝念不釋，論與物忘，則磊落奇蟠於胸中，不得遁而藏也。他日忽見羣山横於前者纍纍相負而出矣。嵐光霽煙，與一一而下上，漫然放乎外而不可收。蓋心術之變，化有而出，舉天機而見者皆山也。故能盡其道。後世按圖求之，謂其筆墨有蹊轍，可隨其位置求之。彼其胸中自無一丘一壑，若其謂得之此，復有眞畫者耶？

同一山水，入我心中，與入他人心中者自不同，故曰：「心術之變，化有而出。」論畫而及心術，此皆宋代人意見也。蓋畫中丘壑，乃畫家心中之丘壑，故曰「山水猶妙於眞形」也。此皆論畫山水。又論畫花鳥，亦曰：

無心於畫者，求於造物之先。賦形出象，發於生意，得之自然。待見於胸中者，若花若葉，分布而出矣，然後發之於外，假之手而寄色焉，未嘗求其似而託意也。李元本學於徐熙，而微見用意求似者，既遁天機，不若熙之進乎技矣。

用意求似，則意在外。未爲求其似，而姑以託意。意有高下，斯畫有高下矣。然亦非謂畫可不似，乃謂意有在求似之外耳。又曰：「求於造物之先。」此語更具深意。張璪曰：「外師造化。」不知造化有在成物之先者。此乃一種哲理，非徒觀於物而可知也。

羅大經鶴林玉露論畫馬亦曰：

畫馬者必先有全馬在胸中。若能積精儲神，賞其神駿，久久則胸中有全馬矣，山谷詩云：「李侯畫骨亦重肉，下筆生馬如破竹。」生字下得最妙。蓋胸中有全馬，故由筆端而生，初非想像模畫也。

此謂畫中之馬，乃由畫家心中生出，非模擬而成。則亦可謂畫中之馬，乃一種人文馬，而非自然馬。惟人文亦從自然來，而非自然之可盡。鐵網珊瑚趙孟堅梅竹譜有曰：

願君種取渭川一千畝，飽飽飯，逍遙步捫腹。風晴煙雨，盡入君心胸，吐出毫端自森肅。

可見宋以後人論畫，亦皆主胸羅造化，然後筆而出之；抒寫由我，不限于外物。然則繪畫一事，豈不成爲非畫物，乃畫心乎？故米友仁有「心畫」之說，見鐵網珊瑚，其言曰：

子雲以字為心畫，非窮理，其語不能至是。畫之為說，亦心畫也。自古莫非一世之英，乃悉為此。豈市井庸工所能曉。

所畫者是物，作畫者是心，此與作字同理。於是而有輕視形似之畫論，蘇軾詩有曰：

繪畫以形似，見與兒童鄰。作詩必此詩，定知非詩人。

董逌謂燕仲穆畫山水「猶妙於眞形」，又曰李元本學畫花鳥於徐熙，「而微見用意於求似，乃不若熙之進乎技」，皆與東坡說同意。然則畫亦當有「技」而進乎「道」之一境也。

又如米友仁畫史云：

大抵牛馬人物，一模便似。山水摹皆不成。山水心近自得處高也。

造化自然，亦有深淺。牛馬人物易模，乃其淺處；山水難模，始是造化之深處。人心亦出造化，而更是造化之深處。故曰「山水心近自得處高」，此亦就畫窮理之語。故曰：「繪畫以形似，見與兒童鄰。」兒童於人生爲淺涉，作畫求形似亦淺涉也。然孟子曰：「大人者不失其赤子之心。」故謝赫六法，終自千古不廢耳。

劉道醇聖朝名畫評則曰：

觀畫之法，先觀其氣象，後定其去就，次根其意，終求其理；此乃定畫之鈐鍵也。

此處提出「氣象」二字，又與謝赫言「氣韻」不同。氣韻在用筆，而氣象乃在畫面全體之格局。氣韻仍屬所畫之外物，而氣象乃涉作畫者內在之心胸。「氣象」二字，尤爲宋代理學家所愛用。觀人當觀其氣象，觀畫亦然。而劉道醇又特標出一「理」字，大可注意。

蘇軾亦言之，曰：

人禽宫室器用，皆有常形。山石竹木水波煙雲，雖無常形，而有常理。

又曰：

寓新意於法度之中，寄妙理於豪放之外。

畫求形似，自有「法度」；理則在形之上，則有脫略形似，超越法度，而見其爲「豪放」者。東坡此語，乃跋吳道玄之人物畫。畫在唐代，而發揮此等畫理者則屬宋人。此亦一種新意，可謂是時代觀念之變，而仍不害其於前時代爲有所承襲也。

又曰：

世之工人，或能曲盡其形。而至於其理，非高人逸才不能辨。

求形與求理之高下，其背後又通於畫家人品之衡評，則作畫必先貴其人品之意亦見矣。

董逌廣川畫跋亦曰：

大抵畫以得其形似為難，而又以神明為勝。苟求其理，物各有神明也，但未知求於此耳。

則知畫家之主求理，非推翻求形以求理，乃是於求形之上更進一層以求理也。賞畫者不知賞作畫者之心，作畫者不知畫所畫物之各有其神明，是皆不知求理，而其品斯下矣。

畫苑補益張懷論畫有曰：

造乎理者，能盡物之妙。昧乎理，則失物之眞。惟畫造其理者，能因性之自然，究物之微妙。心會神融，默契動靜，察於一毫，投乎萬象。昧於理者，心為緒使，性為物遷，汩於塵坌，擾於利役，徒為筆墨之所使，安足以語天地之眞哉！

物各有理，亦各有性，求物理卽是求物性也。此論格物窮理，盡性知天，乃幾乎全似理學家言。

沈括夢溪筆談有曰：

書畫之妙，當以神會，難可以形器求。世之觀畫者，多能指摘其間形象位置彩色瑕疵而已。至於奧理冥造者，罕見其人。如彥遠畫評言：「王維畫物，多不問四時。如畫花往往以桃、杏、芙蓉、蓮花同畫一景。」予家所藏摩詰畫袁安臥雪圖，有雪中芭蕉。此乃得心應手，意到便成，故超理入神，迥得天意，難可與俗人論也。

雪中有芭蕉，桃、杏、芙蓉、蓮花同入一景，自然無此事狀，亦復違於物理，乃以謂之「超理入神」，此則言畫家心中之神理，非言性理、物理矣。摩詰宗於禪學，乃可有此。宋人作畫，未必承襲。此乃理學時期與禪學時期之不同。存中未加細辨。蓋存中雖在理學時代，亦不得爲理學中人，故有此語。然要之畫物卽以畫心，則唐代禪家已先有此意矣。

宋代人論畫，重人品心胸，又深涉性理，乃亦知重日常人生之修養。郭思林泉雨致載其父郭熙之言曰：

積惰氣而強之者，其迹軟懦而不決。積昏氣而汩之者，其狀黯猥而不爽。以輕心挑之者，其形脫略而不圓。以慢心忽之者，其體疏率而不齊。

惰氣、昏氣，輕心、慢心，從理學家口中說出，疑若爲太重道德意味，不知藝術家固亦力戒此等也。郭思又自申其說，曰：

思乎昔見先子作一二圖，有時委下不顧，動經一二十日，是意不欲，豈非所謂惰氣者乎？又每乘興得意而作，則萬事俱忘。及事汨志擾，外物有一，則亦委而不顧，豈非所謂昏氣者乎？凡落筆之日，必明窗淨几，焚香左右，精筆妙墨，盥手滌硯，如見大賓。必神閒意定，然後為之。豈非所謂不敢以輕心挑之者乎？已營之，又徹之。已增之，又潤之。一之再之又復之，每一圖，必重複終始，如戒嚴敵，然後畢。此豈非所謂不敢以慢心忽之者乎？

是則養其氣，修其心，畫家之日常修養，乃與理學家無二致。此又即歐陽永叔所謂「閑和嚴靜趣遠之心」也。此又可證時代同，則文學家、藝術家、理學家所言，亦自無不同。若必以繪畫與理學與文學一一分別求之，則猶是皮相之見也。

韓拙山水純全集有曰：

天之所賦於我者性，性之所資於人者學。能因其性之所悟，求其學之所資，未有不業精於己者也。古人以務學而開其性，今人以天性而耻於學。此所以去古逾遠，而業逾不精也。顧愷之夏月登樓，家人罕見其面。風雨晦明，饑寒喜怒，皆不操筆。唐有王右丞，杜員外贈歌曰：「十日畫一水，五日畫一石，能事不受相促逼。」前人用此以為銷日養神之術，今人反以之為圖利勞心之苦。古之學者為己，今之學者為人。唐張彥遠云：「書畫之術，非閭閻之子可學。」不精之由，良以此也。

內基於性，外資於學，務學以開其性；理學家之精修道德，與畫家之沈潛於藝術者，同條共貫，事非有異。韓拙此條，言及顧愷之，今以屬於玄學佛學時期；言及王摩詰，今以屬於禪學時期；韓拙則已屬於理學時期；即韓拙所論，可證變中自有不變。且其論，張彥遠歷代名畫記中已先言之，曰：

宋朝顧駿之，常結構高樓以為畫所。每登樓去梯，家人罕見。時景融朗，然後含毫。天地陰慘，則不操筆。今之畫人，筆墨混於塵埃，丹青和其墨滓，徒汙絹素，豈曰繪畫。自古善畫者，莫匪衣冠貴冑，逸士高人，振妙一時，傳芳千祀，非閭閻鄙賤之所能為也。

當知彥遠此論，非辨社會貴賤，所重在日常人生之各異。唐符載觀張員外畫松石序亦曰：

觀夫張公之勢，非畫也，直道也。當其有事，已知夫遺去機巧，意冥玄化，而物在靈府，不在耳目，故得於心而應於手。孤姿絕狀，觸毫而出，氣交沖漠，與神為徒。若忖短長於隘度，算妍蚩於陋目，凝觚吮毫，依違良久，乃繪物之贅疣也，寧置於齒牙間哉！

觀於此，則宋人論畫所重人品、心胸、修養諸端，豈不昔人皆已及之！即如沈括神理之說，南朝宋人宗炳畫山水序亦先言之，有曰：

夫以應目會心為理者，類之成巧，則目亦同應，心亦俱會。應會感神，神超理得，雖復虛求幽巖，何以加焉。又神本無端，棲形感類，理入影迹，誠能妙寫，亦誠盡矣。於是閒居理氣，拂觴鳴琴，披圖幽對，坐究四荒。不違天勵之藂，獨應無人之野，峰岫嶢嶷，雲林森渺。聖賢暎於絕代，萬趣融其神思，余復何為哉，暢神而已。神之所暢，孰有先焉。

此所標曰神而理，而人品、心胸、修養諸端，亦靡不兼備。凡宋代人之所論，求之前代，似乎罔不先有，然終不害其爲宋人之新論。此正見中國文化之深厚。注意其傳統者，往往忽於時代之遞變；注意其時代者，又往往忽於傳統之直承。兩不相礙，斯得之矣。

宋人論人品、心胸、修養諸端，會合言之，主要在發揮繪畫之背後有畫家其人之存在。而且畫家其人之重要性，毋寧更重要過於其畫。故宋人論畫又每言寄託。郭若虛圖畫見聞志又曰：

自古奇蹟，多是軒冕才賢，巖穴上士，依仁遊藝，探賾鈎深。高雅之情，一寄於畫。

鐵網珊瑚趙孟瀅論畫亦曰：

畫謂之無聲詩，乃賢哲寄興。

此皆言畫中有寄，所寄者卽其人，卽是畫家之我也。米元暉自題其雲山得意卷謂：

世人知余喜畫，競欲得之，鮮有曉余所以為畫者。非具頂門上慧眼者，不足以識。老境於世海中一毛髮事，泊然無着染。每靜室僧趺，忘懷萬慮，與碧虛寥廓同其流。蕩焚生事折腰為米，大非得已，此卷愼勿與人。

此跋言所以爲畫，雖不明顯提出「寄託」字，而畫中有寄託之意固已躍然言外。詩以有比興爲貴，畫以有寄託爲高。惟詩至初唐，陳子昂、李太白已高談比興；而畫至宋代，始有人提及寄託。文學藝術之新思潮，其出現容有前後參差，不足怪也。

此種繪畫上新觀念，必然會影響其所畫，此則待精鑒賞者之自加領會，非筆墨言辭所能宣。王維云：「妙悟者不在多言，善學者還從規矩。」就規矩言之，則自古如一。就妙悟言之，則事在言外。惟亦有其他事實具體可證者，一則爲畫上題款之革新。在先作畫多不書款，更無題記。書款，亦僅在石隙樹身，書以蠅頭小楷，或竟書於背面。因其時，觀念主要在畫，不在作畫之人，書款自不占重要地位。遠至宋代，米芾、蘇軾、文同遂開題識之端，其事至元而大盛。趙孟頫、高克恭以及元四家，每畫莫不有題識，或系跋，或題詩，以補畫之不足。於是書、畫與詩之三者，合一渾成，儼若同體。此事實寓甚深意義，亦爲一甚大之進展。

其次乃爲梅、蘭、竹、菊四君子畫，亦至宋而始備。南宋盛畫梅、竹，元人畫竹尤盛。此四者，在傳統觀念下，皆以象徵人之德性與品格，故稱之曰「君子」。四君子畫之盛行，亦爲理學時期之繪畫，要求道德、藝術合流一特點。

明湯垕有曰：

> 畫梅謂之寫梅，畫竹謂之寫竹，畫蘭謂之寫蘭，何哉？蓋花之至清，畫者當以意寫之，不在形似耳。

此謂畫此諸物，不爲其形狀，乃爲其德性。謂花之「至清」，乃謂此諸物德性之可貴，不以目視得，當以心意通。畫者描畫其形狀，寫者抒寫我心意。而我之心意，則乃發自天性，通於物理，天人合一，心物合一，有妙理存焉。前引人品、心胸、性理、修養、寄託諸端，齊於此備。於是乃有「寫意畫」之新名辭。寫意非不求形似，惟作畫有更超於求形之上者。清代鄭燮喜畫蘭竹，其題畫有曰：

「寫意」二字誤多少事。欺人瞞自己，再不求進，皆坐此病。必極工而後能寫意，非不工而遂能寫意也。

此評後人對「寫意」二字之誤解則是，至於前代人提倡「寫意」二字之眞義則殊未見闡明。故曰「必極工而後能寫意」，則仍着眼在畫之技巧上，其能事亦止於模古。不知宋、明人注重寫蘭竹，乃是別有一番會心，別有一番用意，然後能別有一番境界。自花鳥寫生進而至於蘭竹寫意，在中國繪畫史上，此一進展，別有一番哲理，主要在畫中之有我與無我。清代理學已衰，板橋自見不到此。

四

此下當再略引元、明以下人論畫語，以殿斯篇。

元代蒙古入主，社會大變，然理學傳統，則仍因襲兩宋。趙孟頫以宋代宗室，屈仕虜廷，無品節可言，故其論畫，率主復古。斯乃逃遁隱藏，不得已而云然；其心可諒，其論無足取。論當時之畫，必曰元四家。明陳衎槎上老舌有曰：

元逸人黃大癡，教人畫法，最忌曰甜。甜者，穠郁而輭熟之謂也。夫為俗、為腐、為板，凡人皆知之。甜則不但不之忌，且羣然喜之矣。從大癡拈書，大是妙諦。

大癡號爲「經史九流無不通曉」，而乃以畫人終其身。其爲富春山莊圖，後人擬之書法中之王右軍蘭亭集序。而其教人書法，卻特地提出「忌甜」一語。果使大癡在當時，處世爲人，亦具一品甜味，則尚何人品心胸修養可言！則只此一語，足可欣賞其爲人，並進而欣賞其作畫矣。

董其昌容臺集畫旨有曰：

仇英、趙子昂雖品格不同，皆習者之流，非以畫為寄，以畫為樂者也。寄樂於畫，自黃公望始開此門庭。

以畫爲寄，以畫爲樂，非曰古人無之，而必謂是黃公望開此門庭者，此乃香光就後世人物言；而若公望之在元世，則見更以畫爲寄、以畫爲樂之高趣。

倪瓚謂：

僕之所謂畫，不過逸筆草草，不求形似，聊以自娛。

又曰：

余之竹，聊以寫胸中逸氣耳。

曰「逸筆」，曰「逸氣」，特提出一「逸」字。惟逸者能擺脱牢籠，不受拘束。陳衎亦稱大癡爲「逸人」。唐朱景玄唐朝名畫録，分神、妙、能三品，又有逸品，則在三品之外。宋黄休復益州名畫録，始躋逸品於神、妙、能三品之上，後世遂莫能易。蓋神、妙、能三品皆在畫之中，惟逸品則有越出於畫之外者。此非深探宋人畫論，不能明其義。雲林以逸自負，夫豈偶然。今論元四家，可卽舉大癡、雲林兩人爲例，亦可卽舉忌甜與能逸兩語爲例。若使其人甜而不逸，則不能在元代於藝術林中卓然有建樹。

明人論畫，主要當舉董其昌之論文人畫與南北分宗。其言曰：

文人之畫，自王右丞始。其後董源、巨然、李成、范寬為嫡子。李龍眠、王晉卿、米南宫及虎兒，皆從董、巨得來。直至元四大家黄子久、王叔明、倪元鎮、吴仲圭，皆其正傳。吾朝文、沈，則又遠接衣缽。若馬夏及李唐、劉松年，又是大李將軍之派，非吾曹當學也。

又曰：

禪家有南、北二宗，唐時始分。畫之南、北二宗，亦唐時分也。但其人非南北耳。北宗則李思訓父子着色山水，流傳而為宋之趙幹、趙伯駒、伯驌以至馬夏輩。南宗則王摩詰始用渲染，一變鉤斫之法，其傳為張璪、荆、關、董、巨、郭忠恕、米家父子，以至元之四大家。亦如六祖之後，有馬駒、雲門、臨濟兒孫之盛，而北宗微矣。

董氏在中國繪畫史上劃分宗派，特借禪家語而稱之曰南宗、北宗，非以地域分南北也。其謂南宗，卽是文人畫。其所謂「文人」者，亦如東坡言「士人」，鄧椿言「其爲人也多文」而已。此自張彥遠、郭若虛以來，早已在畫人中作此分別；香光之分南、北宗，亦不過承其意而稍變其辭耳。文人畫則尤必以山水爲宗。薛岡天爵堂筆餘有曰：

畫中惟山水，義理深遠而意趣無窮。故文人之筆，山水常多。若文物禽蟲花草，多出畫工，雖至精妙，一覽易盡。

此亦以文人與畫工爲分，惟論畫而必言義理、意趣，此亦自宋以下始然。又沈顥畫塵有曰：

今人見畫之簡潔高逸者，曰士夫畫也，以為無實詣。實詣指行家法耳。不知王維、李成、范寬、米氏父子、蘇子贍、晁無咎、李伯時輩，士夫也。無實詣乎？行家乎？

此亦分士夫與行家。惟必士夫而兼行家，乃始當得稱文人畫。又李日華六研齋二筆有曰：

繪事不必求奇，不必循格，要在胸中實有吐出便是。

繪事若僅止於向外取形，今必曰要自「胸中吐出」。其論始於宋人，而非文人、士人則無以語此；而畫中有我之意，亦自此見矣。又如屠隆云：

人能以畫寫意，胸中便生景象，筆端妙合天趣。若不以天生活潑為法，徒竊紙上形似，終為俗品。

「以畫寓意」與「胸中吐出」乃異辭同意。岳正云：

在意不在象，在韻不在巧。巧則工，象則俗。

「象」即形似，「韻」即氣韻。「巧」則畫匠之技巧，「意」則畫家之心胸。杜瓊云：

繪畫之事，胸中造化，吐露於筆端。

胸中造化，即朱晦翁「半畝方塘」一詩之所咏也。唐志契云：

立萬象於胸懷，傳千祀於毫翰。

必於畫中寓意，有義理，有意趣，造化萬象皆從胸中吐出，作畫不盡於作畫，畫家不限是一畫家，此始是技而進乎道，始是畫藝不朽。外於此則是畫工俗品，談不上於人生中有不朽。凡諸所論，一一仍從兩宋來，同爲理學時期中之繪畫觀念。重人品，重心胸，重性理，重修養，畫不僅止乎技，而必上進於道，大率如是。董香光南、北宗派之分，殆亦以此爲區別也。

清初有明遺民，其志節略類於元四家，多有逃入方外，而以畫自遣者。今舉道濟苦瓜和尚畫語錄一則。其言曰：

古者，識之具也。化者，識其具而弗為也。識拘於似則不廣，故君子惟借古以開今。有法必有化，一知其法，卽工於化。夫畫，天下變通之大法也。借筆墨以寫天地萬物而陶詠乎我。今人不明乎此，知有古而不知有我，我之為我，自有我在。古之鬚眉，不能生在我之面目。古之肺腑，不能安入我之腹腸。我自發我之肺腑，揭我之鬚眉，我於古何師而不化之有。

此則暢發畫必出我之意。我在畫中，而畫中必有我，此卽畫之化也。若必求我畫似某家，則是知古而不知我。於古得識，卽是得其規矩，得其技巧。借古開今，乃是開其在我。今從道濟看明遺民精神，確猶是元四家精神，亦卽是宋代理學精神，卻非山林方外禪悟精神。此處不可不辨。

同時有惲壽平論畫，亦有妙詣。壽平推崇同時交友王翬，遂以山水畫讓之，而自畫花卉。其言曰：

宋人謂能到古人不用心處寫意，兩語最微，而又最能深入。不知如何用心，方到古人不用心處。不知如何用意，乃為寫意。今人用心在有筆墨處，古人用心在無筆墨處。儻能於筆墨不到處觀古人用心，庶幾擬議神明，進乎技矣。

其論寫生有曰：

寫生先歛浮氣，待意思靜專，然後落筆，方能洗脫塵俗，發新趣。

壽平之畫，見稱爲「不食人間煙火」。上引論畫語，亦可謂窺見宋、明人之堂奧。然此皆在清初。滿洲之統治中國，與蒙古不同。清代學術，固不與魏晉南北朝之玄學佛學、唐人之禪學相同，而宋、明理學亦衰，亦不如兩漢之經學。其學乃在博古一途。故論清代畫家，夥頤沉沉，而大率模古倣舊。求一拔趙幟，立漢幟，繼往開來，如道濟之所謂「借古開今」，南田之所謂於「古人不用心處」發新趣者，要自渺然。清代學者，雖亦高自位置，然既乏幹濟，復缺性靈，徒於故紙堆中騁心力，故文學藝術皆見不振。語其優者，不過爲前代之後勁，無可分庭抗禮者。繪畫亦然。此亦治中國藝術史者所當知也。

晚清以來一百年，西學東漸。東西文化之不同，社會人生又不同，斯藝術亦不同。觀於彼方之新異，正可返認自己之本眞。又當時代大變，正可推陳出新。而惜乎此百年來，政事翻覆，人心惶惑，學者不競鶩西方之新軌，即墨守清代之故轍。徒成一鬨之市，未窺千古之秘。藝術界亦未能自外。求爲中國藝術繪畫史開新頁，尚待後起之努力。縱筆至此，不勝悃然。

（一九七三年夏故宮博物院圖書季刊七卷四期）